お金をかけずに誰でもできる!

SNS
×
メディアPR
100の法則

100 Tips For Beginning Social Media × Media PR

笹木郁乃
Ikuno Sasaki

日本能率協会マネジメントセンター

まえがき

　本書を手に取ってくださったあなたは、PRってどんなものだと思いますか?

　「PRって聞いたことはあるけど、そもそも何? 私に必要?」という方もいらっしゃると思います。また、「PRしてみたけど、いまいち効果が感じられなかった」という方もいらっしゃるかもしれません。

　私はこれまで、5,000人以上の経営者・起業家・広報担当者・広報未経験者にPRを伝えてきました。

　最初は、「PRはこう考えるといいですよ」という戦略や考え方を伝えていましたが、それで結果が出る人はほぼいませんでした。私は途中から教え方を変え、「具体的な法則」を自分なりに作り、その法則に沿ってPR活動をしてもらうようにしました。

　すると、驚くほどたくさんの方が、メディア掲載を獲得されたり、売上が上がるという結果が出るようになりました。教え方1つで、こんなにも受講生の結果が変わるのかと、愕然としました。

　もともと私は、国立大学工学部を首席で卒業し、愛知県の大企業・アイシン精機(現・アイシン)の自動車研究職として社会人をスタートしました。しかし、誰かの役に立っているという実感や、私が頑張ればこの会社が伸びるという分かりやすさがある職種の方が、より力を発揮できるのではないかと考え、転職を決意。当時はベンチャー企業だったエアウィーヴに初代広報PR担当者として飛び込みました。

そこで私は初めてPRに出会い、広報PRとして、会社の売上100倍や12か月待ちの大ヒット商品を生み出すことに貢献してきたことで、PRの持つパワーに非常に感動しました。（売上拡大の詳細は私の前著『0円PR』（日経BP）をご覧下さい！）

　こうした私自身の実体験と、PR会社を経営する中でサポートしてきたたくさんの企業の事例から編み出したのが、本書で紹介しているPR塾のメソッドです。本書では、机上の空論ではなく、「再現性の高さ」にこだわって100の法則を厳選しました。

　たとえば、3項でご紹介する丹後佳代さんは、廃業予定だった愛媛県今治のタオル工場を事業継承し、何をしたらよいか分からなかったところから、本書のPRメソッドを実践することで従業員を5倍にまで拡大。今や東京の大手百貨店に出店するまでに事業を成長させました。
　他にも、巻末に事例としてご紹介している飲食店店長の櫻木 潔さんは、PRによって1年間で約40本のメディア掲載を獲得し、コロナ禍でありながら個人客前年比100%を達成。全くの初心者でPR塾に来られた鈴木浩三さんも2か月で11社の取材を獲得し、前年同月比4倍の売上を達成されました。

　初心者でも本書のPRメソッドを実践することで、

- 1年間で90回以上のメディア露出
- コロナ禍でPRを学び、飲食店でも前年対比100%以上の集客
- 専業主婦から年商50億円超のグループ企業の代表に就任

- 7か月で法人契約6社獲得、収入10倍
- 本業と両立しながら、副業で3社とPR契約

　など、たくさんの素晴らしい変化に関わらせていただいてきました。今では、「このPR塾のメソッドを使えば、簡単にすぐに結果が出る‼」と評判になり、この5年間、毎年入塾者数が右肩上がりに増え、満席が続いています。

　本書は、よくある「考え方」や「PRとは」という概念・知識メインの本ではありません。多くのPR塾生が結果を出している、最新のPRメソッドをふんだんに盛り込みました。
　いずれも、理系出身の私が独自に生み出した、明日から売上を上げるための行動に繋がる「具体的法則」です。

　今、日本はコロナ禍で多くの企業や個人事業主の方にとって苦しい状況が続いています。私はこの状況を打破すべく、「この本で日本経済を救う」という気持ちで本書を執筆しました。

　PRは、誰でもできます。
　お金をかけなくても、たった一人でも、現状を大きく変えられます。
　ぜひ、法則1から順番に、実践してみてください。

　2021年7月

　　　　　　　　　　　　　　　　　　　　　笹木郁乃

第2章 相手の心を動かすPR設計を作る

第3章 売上に繋がるSNSの作り方

第4章 共感SNSでファンを作ろう

第5章 各SNSの活用法

第7章 認知度が高まるメディアアプローチ

資料　実例で学ぶPR成功の軌跡

第1章

0円で認知度を高める SNS×メディアPR

PRのすごさとは

お金をかけずに
無名を有名にするスキル

　本書を手に取ってくださったあなたはPRってどんなものだと思いますか？　やってみたけど効果が感じられなかった、聞いたことはあるけどPRって何？　という人もいるかもしれません。

　手軽に情報が入手できる今の時代であっても、素晴らしいものが勝手に売れるわけではありません。今は、「よいもの」を「上手にPR」して初めて売れる時代です。つまり**PRとは、お金をかけずに無名の人や商品を有名にすることができる**スキルなのです。

　商品が売れず、カスタマーセンターも工場も暇で、みんなで社内の草むしりをしていた会社が、PRによって全国放送のテレビで5分紹介されたその瞬間から、ホームページもコールセンターもパンク、製造もフル稼働になる。ほかにも、無名のインテリアメーカーの年商が100倍になったり、ほとんど注文がなかったキッチン用品が12か月待ちの人気商品になったりする──。PRの力によって会社の景色が一変するという光景を、私は何度も実際に体験してきました。この影響力の大きさは、ビジネスにおいては他に類を見ない、特別な力だと実感しています。こういう状態はPRだからこそ作れるものです。

　ビジネスは、地道に行動することで、いい時はそれに見合った

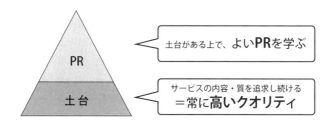

結果がついてきます。もちろん、PRも地道でコツコツとした行動を要しますが、それがうまく組み合わさった時に、「明日から全く違う世界」が体験できる可能性がPRにはあるのです。

　ただ、そんなスキルだからこそ1つだけ気をつけていただきたいことがあります。それは、PRは広告と違い、自分で発信内容をコントロールできないということです。

　PRは、お客様からのいいね（推薦）や口コミを増やす活動です。商品がよくなければ、逆に悪い口コミを増やす危険性もあります。

　私が主宰しているPR塾でも最初にお伝えすることですが、**PRの前に頑張ってほしいこと**があります。それは「**商品の質や商品力を磨く**」ということです。商品力があった上で、PRスキルが使えると最高の状態を作ることができます。

　まじめによい商品・サービス作りをしながら、PRをする。その両輪があるからこそ、今まで見たことのない世界へ飛び立てる。しかもPRは、ほとんどお金をかけずにそうした状況を作ることができます。

　自分では想像しなかった未来が作れるかもしれない、そんな魔法のようなスキルを使ってみたいと思いませんか？

POINT

よい商品・サービスとPRの両輪があるからこそ新しい世界が開ける。

広告にもPRが必要な理由

　PRと広告の違いをひと言で言うと、**PRは他薦であるのに対し、広告は自薦**だということです。

　PRでは「雑誌で紹介されました」「Amazonランキング1位です」など、第三者からの評価という信頼を積み重ね、ブランド力を高めていくことで、営業せずとも自動的に売れていく状態を作ることができます。

　メディア掲載やレビューなどの他薦によって、多くのお客様に「雑誌で特集されているこのお鍋、すごいんだ」「Amazonで星が5つだ。いい商品なんだろうな」と思っていただく。PRでは、

広告	PR
	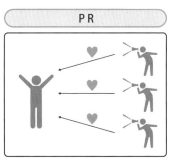
常に自分からアピールしている状態	常にモテモテな状態

コストをほとんどかけずに、こうした「ビジネス的にモテモテの状態」を作ることができるのです。

しかし、じわじわ自分の評価を高めるのは長期戦です。目に見えて売上が上がるまでには、時間がかかります。ある日突然、SNSのフォロワーが100万人にはならないように、時間をかけてブランド化していくことが重要です。

一方広告は、通りかかった人にチラシをまき続ける、「常に自分からアピールし続けている」ような状態です。それも悪くはありませんが、多くの人が支持するような「あなた」や「サービス」にはなれません。

もちろん広告が悪いわけではなく、広告を効果的に使うにはコツがあるということです。たとえばCMで、「このドリンクは栄養満点で美味しい」など、商品の魅力やセールスポイントを周知することができるのは広告ならではの利点です。しかし、それだけでは単なる自薦です。

今の時代は、第三者の口コミという実績（他薦）なしでは、消費者は見向きもしません。「8割がリピート」「売上累計○億個」「メディアで多数紹介」といった実績を入れることで、「そんなに売れているなら」と信頼され、興味を持ってもらうことができます。

広告にもPRの力を掛け合わせる。それがこれからの新常識です。

POINT
PRによって実績を作ることが顧客の信頼度を高め、ブランド力を向上させる。

PRパーソン1人でも
会社・商品の運命を変えられる

　私が実際にPRの威力を体験したのは、転職した会社で営業をしていた時でした。

　当時、私は東急ハンズでの店頭販売も担当していたのですが、商品の知名度が低かったため、一生懸命声を張り上げてその商品を販売していました。しかし、高額な商品だったこともあり、どれだけ頑張っても1日1つ売れるかどうか。一方、隣の有名メーカーの類似商品は、販売員がいなくても「雑誌で見て買いにきました」と1週間で30〜40個が自動的に売れていく。ブランド力の強さを思い知らされた瞬間でした。

　そこで、広告を出す予算もない状況で何ができるかを考えた結果が、お金をかけずにできるPRで選ばれるブランドになるということだったのです。

　隣の有名メーカーのように、多数のメディア掲載実績を作り、誰でも知っている強いブランドになる、その一心でPR活動に注力し始めてから約3年後、その商品は話題のブランドに成長。東急ハンズはもちろん、他の店頭やウェブでも、販売員がいなくてもお客様に指名買いされる、まさに私が目指していた状態になりました。

　また、まえがきで触れた丹後さんもPR活動をしたことで、会社や商品の運命が変わったお一人です。

　5年前、丹後さんは地元愛媛県今治に恩返ししたいと、廃業予定だったタオル工場を事業継承されました。しかし、売上0、取引先0からのスタートは想像以上の厳しさ。半年間、仕事が全くなく、資金はどんどん流出していく状態だったそうです。

　そこで、丹後さんはPR塾でPRを学び、プレスリリースを作成。『愛媛新聞』をはじめ『日経WOMEN』にも掲載され、その実績を活用することで、さらにブランド力を上げていかれました。

　また、女性誌のイベントにも積極的に参加し、モデルさんやライターさんにお手紙つきでタオルをプレゼントするなど、コツコツとPR活動をすることで、「人気モデルやライターの愛用品」として雑誌掲載され、人気のブランドになっていきました。

　こうした背景から、丹後さんは「日経ウーマン・オブ・ザ・イヤー2019」を受賞され、事業継承時6人だった社員は30人規模になりました。さらに、全国からトップクラスの商品が集まる有名百貨店に商品が常設されるようになり、女性誌の『VERY』とコラボ商品を出すまでに成長されました。

　こうした変化を、PRパーソン1人で作っていくことができるのです。

POINT

　メディアに多数掲載されると、認知度とブランド力が高まり、顧客に指名買いしてもらえるようになる。

メディア関係者に
ファンになってもらう

　初めてPRでサポートした会社で、PRのすごさを実感した私はこのPRのスキルをもっといろいろなところで試してみたいと思うようになり、2度目の転職に踏み切りました。それが、バーミキュラ（愛知ドビー株式会社）という鍋の製造販売会社でした。

　私の中には1社目の成功事例があったため、「バーミキュラの運命を劇的に変えるためには、何よりもメディア関係者にバーミキュラのファンになってもらうことが必要だ」と確信していました。

　もちろん、まずは小さなメディアに掲載されることからがスタートではありますが、正直それだけではすぐに数億円の売上に繋がるようなインパクトはありません。

　実は、大きな売上に繋がるメディア掲載にはある法則があります。それは、「**ストーリー・商品の特徴・実績**」（PR設計）という、**この3つを深く・長く紹介してもらえた時、大きな売上に繋がる**ということです（このPR設計は第2章で詳しくご紹介します）。

　そのような紹介をしていただくには、まずメディアの方にバーミキュラのファンになってもらうこと。それが私のミッションでした。

　プレスリリースを送るのはもちろんですが、バーミキュラの鍋

を実際にメディアに持参して説明する。記者に直接お会いして、開発秘話や会社のストーリーをじっくりお伝えする。そうして、メディア関係者のファンを一人ずつ増やしていきました。

　テレビは影響力が大きい分ハードルも高く、他のメディアで最近流行っているものを取り上げることが多い傾向があるため、いきなり難易度の高いテレビではなく、まずはWEB記事、地元のメディアからアプローチを開始。小さな掲載を積み上げて信頼を作っていきました。

　こうしてコツコツとメディア掲載を獲得し、約1年かけて全国放送のテレビからもオファーが来るようになったのです。そして大きなテレビ放送が続いた結果、バーミキュラは最大12か月待ちの超人気商品になりました。詳しくは5項で紹介しますが、私はこれを「シャンパンタワーの法則」と呼んでいます。

　こうして、PRが起こす奇跡を2社で体験した私は、PRの力に魅せられ、もっと多くの人に広めたいという思いだけで、独立を目指しました。

　周りに起業家も、経営者もいない、もちろん経営の知識もありませんでしたが、2社で培ったPR力で、テレビ局主催の講座の企画・運営や有名なビジネス誌でのPRの連載を獲得するなど、メディア関係者との信頼関係を築いていきました。このように、メディア関係者に味方になっていただくことで、LITAは上場企業をはじめとする大手企業から指名で問い合わせをいただき、取引できるまでに成長することができたのです。

POINT

　メディア関係者に商品の魅力を知っていただき、メディア掲載を積み重ねることで、徐々に影響力の大きな媒体に繋がっていく。

メディア掲載の効果を高めるにはSNS発信が不可欠

　「シャンパンタワーの法則」とは、地元情報誌→地元新聞→地元テレビ・雑誌→全国テレビと、シャンパンタワーのように徐々に影響力の強いメディア掲載を獲得し、ブランドを作り上げていく流れのことです。以前は新聞やテレビなどの既存メディアだけに当てはまる考え方でしたが、今はこの中にSNSでの発信を追加することが求められるようになってきました。

　たとえば地元紙に掲載されたとしても、その事実をSNSやHPで伝えなければ、偶然その新聞を読んだ人に認知されるだけで、それ以上は広がりません。しかし、掲載実績をメルマガやSNSで伝えることで、掲載を知らなかった人にも実績が広がり、信頼度が高まります。

　また、購入実績のあるVIP顧客に掲載実績を伝えることで、「また買おうかな」と購買の後押しにもなります。このように、**メディア掲載をSNSにも投稿することで、売上拡大だけでなく、SNS上での信頼度もアップ**していきます。

　さらに、メディア掲載は「業界の専門家」としてのアピールにも活用できます。たとえば、SNS解説の記事が雑誌などに掲載された場合、「メディアにSNSの専門家として認められている」

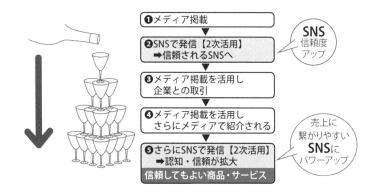

と認識されます。こうした掲載実績をB to Bの営業に活用すると、企業との取引にも繋がっていきます。

　顧客や一般企業だけでなく、メディア関係者にとっても掲載実績は重要です。最近では、メディア関係者は取材前に必ずSNSをチェックしているため**掲載実績をSNS発信しておくことで、次のメディア掲載へ繋がりやすくなります**。そうして獲得した大きなメディア掲載をSNSで発信していくことで、さらに認知度や信頼度が高まっていくのです。

　このように、SNS×メディアPRのシャンパンタワーを意識しておかないと、「メディア掲載されたけど、あまり影響なかったな」という結果で終わってしまいます。

　メディア掲載→SNS発信→信頼されるSNSへ→掲載実績活用・企業取引→大きなメディア掲載→さらにSNS発信……。SNS時代では、ここまでして初めて意味があると言えるでしょう。

POINT

　メディア掲載をSNSで発信することで、顧客や取引先はもちろん、メディア関係者の認知度・信頼度もアップする。

売上は変動するが
実績は残り続ける

　現在私は独立して5年目、法人化してからは3年目を迎えますが、最初から順風満帆だったわけではありません。LITA拡大の背景にも、シャンパンタワーを作り上げる過程がありました。

　まず、独立直後の私が注意していたのは、**最初から売上に固執しない**、ということです。もちろん売上は大事なのですが、選ばれ続けるブランドになるためには実績が不可欠です。

　企業のPR担当として活動させていただいた2社での経験をとおしてそのことを強く感じていた私は、最初の1、2年目はとにかく実績作りに全力を注ぎました。

　そのために私がまず実行したのは、特別価格でPRコンサルティングを行い、お客様との写真やコンサルティングを受けた感想をブログに掲載することでした。

　料金はかなり低く設定していましたが、1人ひとりに5時間以上かけて準備をするなど、お客様の満足度を高めることに徹底的にこだわってコンサルを実施。売上を上げたい気持ちはありましたが、焦ることなく地道にブログでの実績紹介を続けたことで、1人のPRパーソンとしての実績と信頼を築くことができました。

　そのような地道な活動を行う中で、私にとって大きな転機になったのは、東海地方の中京テレビ（日本テレビ系列）での「女性のための学びの講座」の企画・プロデュースです。

　この企画が実現したのも、やはり地道な PR 活動があってこそでした。地道な実績作りと並行して、メディア関係者に積極的にアプローチして情報交換するなど、人間関係を築いていたことで、中京テレビの担当者に企画提案の機会をいただいたのです。

　そうして提案した「女性のための学びの講座」は、中京テレビ内のコンペで 1 位に輝き、企画・プロデュースが決定。日本全国はもちろん、海外からもご参加いただき、開講から 1 年半で900名以上の方に受講いただくなど、大成功を収めました。

　こうした大企業での実績も後ろ盾となり、業界紙での 1 年間のコラム掲載を獲得。さらに、その実績が 1 つの信頼材料となってビジネス誌の『日経トップリーダー』での連載が決まり、初めての著書出版へと繋がったのです。

　こうしたことは、独立から約 2 年間、シャンパンタワーの法則の最初のステップである実績作りに集中したからこそ成し得たものだと思っています。

　売上は毎年変動しますが、実績は積み重ねていくことができます。実績こそがシャンパンタワーを作り上げる要なのです。

POINT
　独立・起業直後は売上よりも実績作りを重視し、シャンパンタワーを作ることに集中する。

シャンパンタワーを
作り上げるためにやるべきこと

　6項で紹介した実績作りにおいて、自分のシャンパンタワーを作りあげるための絶対条件として私が掲げたのは「PR塾の満席」と「PR塾生の成長」でした。

　それを達成するために、まずはPR塾の内容を充実させ、テキストを作り込みました。毎回内容をバージョンアップし、開講から現在に至るまでの5年間、同じテキストを使い回したことは一度もありません。

　ただスキルを教えるだけでなく、取材獲得や売上アップといった結果を出すことができるよう個別相談の時間を設けるなど、丁寧なサポートを心掛けてきました。このようにしてクオリティの向上を目指し続けてきたことによって、入塾時には全くの初心者だった受講生の83％に効果を実感していただける塾を作っていったのです。

　単純なことのように思われるかもしれませんが、PR塾をブラッシュアップし、受講生の感想をSNS等で紹介するのを積み重ねることで、**5年間広告費ゼロ、SNS集客のみでPR塾を満席にし続けることができました。**

　そうすることによって、「人気で結果が出る塾」という評判を

得て、メディア掲載を獲得。LITAはどんどん拡大し、PR代行事業では大手企業を含め100社以上との取引を実現しました。今期は売上5億円を達成するペースで売上が伸び、社員数も10名を超えるなど、右肩上がりに成長を続けています。

　まずは**お客様の声などの実績を発信する**こと。そして、**商品・サービスの質を上げ続ける**こと。**それがPRの基礎を作る基本**です。こうしてお客様からの他薦を少しずつ積み上げていくことで、シャンパンタワーの次のフェーズに必ず繋がっていきます。

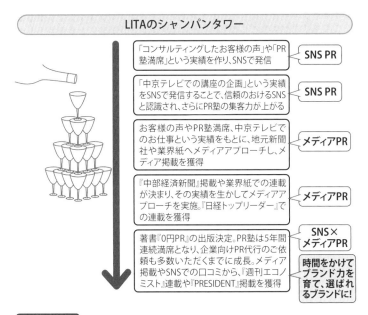

LITAのシャンパンタワー

「コンサルティングしたお客様の声」や「PR塾満席」という実績を作り、SNSで発信 ── **SNS PR**

「中京テレビでの講座の企画」という実績をSNSで発信することで、信頼のおけるSNSと認識され、さらにPR塾の集客力が上がる ── **SNS PR**

お客様の声やPR塾満席、中京テレビでのお仕事という実績をもとに、地元新聞社や業界紙へメディアアプローチし、メディア掲載を獲得 ── **メディアPR**

『中部経済新聞』掲載や業界紙での連載が決まり、その実績を生かしてメディアアプローチを実施。『日経トップリーダー』での連載を獲得 ── **メディアPR**

著書『0円PR』の出版決定。PR塾は5年間連続満席となり、企業向けPR代行のご依頼も多数いただくまでに成長。メディア掲載やSNSでの口コミから、『週刊エコノミスト』連載や『PRESIDENT』掲載を獲得 ── **SNS×メディアPR**

時間をかけてブランド力を育て、選ばれるブランドに!

POINT

　PRの基礎を作ることができれば、自分だけのシャンパンタワーを作ることができる。

時代にあった
PRスキルを身につける

　ここまで「PRの前に商品力を磨くことが重要である」とお伝えしてきましたが、どんなに素晴らしい商品やサービスがあったとしても、無名のままでは誰にも届けられません。

　では、有名になるにはどうしたらいいでしょうか？　そのためのカギとなるのは、

- メディア露出する
- SNS発信をする

の2つです。どちらも無料、つまり0円ですが、強力な効果があります。PR塾でもこの掛け合わせを伝えてきましたが、たくさんの方がより多くの、そしてより影響力の強いメディアへの掲載を獲得し、売上もアップしています。

　十数年前まではメディア露出だけでも十分な効果が得られていましたが、1日のうちスマホに費やす時間は年々増加傾向にあり、パソコンやスマホ等から情報を得る人は、今や5割にまで増えています。メディアだけではなくSNSも意識した発信をする必要があるというのは、データから見ても明白です。**無名から有名になるためには、SNS発信とメディア露出の両方が必須**の時代と言えます。

PR塾を受講された個人事業主や中小企業の中には、今まで営業や広告で集客してきたものの、コロナ禍で対面営業ができず、売上は低迷、広告費も削られ、もう打つ手がないという会社もあります。そういう方々にPRをお伝えすることで、

メディア総接触時間の時系列推移
（一日あたり・週平均）

■テレビ　■ラジオ　■新聞　■雑誌　■パソコン　■タブレット端末　■携帯電話／スマートフォン

※メディア総接触時間は、各メディアの接触時間の合計値　各メディアの接触時間は不明を除く有効回答から算出
※2014年より「パソコンからのインターネット」を「パソコン」に、「携帯電話（スマートフォン含む）からのインターネット」を「携帯電話・スマートフォン」に表記を変更
※タブレット端末は、2014年より調査
出典：博報堂DYメディアパートナーズメディア環境研究所「メディア定点調査2021」

メディア掲載獲得やSNSでの口コミが増え、売上が上がり、会社の運命が変わったと言っていただけることが多々あります。

　今の時代にフィットしたPR力を身につけることができれば、単なるイメージ戦略ではなく、売上拡大や商品の認知度アップを実現することができます。

　メディアPRとSNS発信によって、**どんな会社でも、ほとんど経費をかけずに、行動1つで未来を変えていくことができます。**「予算がないから何もできない」と諦めるのではなく、まずは、1つでも実践していくことで、未来を切り開いていきましょう。

POINT

　今の時代は、メディア露出だけでは認知度は高まらない。SNS発信とメディア露出の両方が必須の時代。

SNS時代×アフターコロナで選ばれるためのカギ

　新型コロナウイルスの感染拡大によって緊急事態宣言が何度も発出されるなど、生活や働き方がこの1年で大きく変わりました。リモートワークなどで対面営業ができない状況においても、PRスキルがあれば商品やサービスが自然と売れる状況を作り出すことができます。広告費が割けない企業も増えてきている今、PRスキルは今後ますます求められるようになるでしょう。

　近年スマートフォンが普及し、簡単かつダイレクトにほしい情報が手元で得られ、SNSでレビューをチェックするのが当たり前になりました。一方、自分の求める情報が手に入りにくいテレビや新聞という既存メディアの影響力は、若者を中心に低下しつつあると言われています。

　しかし、そうはいっても、既存メディアのプライオリティはまだまだ高く、信用度は群を抜いています。そのため、今PRで重要視されているのがクロスメディア戦略です。

　クロスメディア戦略とは、テレビや新聞、雑誌、web、SNSなど、さまざまな媒体で見せ方や表現を変えながらメディア露出し、総合的に販売を促進させる戦略のことです。

　前述した「シャンパンタワーの法則」はまさにクロスメディア戦略を活用するPR手法です。SNS発信×メディアPRによって認知度を高め、信頼を積み上げてメディア掲載を獲得し、またそれを次に活用する。この考え方は、これから必要不可欠となります。

　また、この法則の力を最大限に発揮するために、「人やサービス・商品をどのように見せると顧客の心に響くのか？」という戦略を立てるPR設計力も重要です。

　これからのPRパーソンは①メディアPR、②SNS発信、③PR設計という3つのスキルを併せ持つことで、どんな状況でも選ばれ続ける会社や商品になると私は考えています。

　これらのスキルを生かして上手にPRすることで、100倍という爆発的な売上アップや12か月待ちの人気商品を生み出すことに貢献することができるのです。

　逆に、メディアの力を活用できなければこのSNS時代×アフターコロナに乗り遅れるどころか、企業としての存続すら危うくなるかもしれません。この戦略を知っているか否かで、ピンチもチャンスに変えられるのです。

　ぜひ、これら3つのスキルを身につけるために、2章からの法則を1つ1つ実践してみてください。

POINT
　クロスメディアによって認知度・ブランド力を高めるPR手法を実践するには①メディアPR、②SNS発信、③PR設計のスキルが重要。

第 2 章

相手の心を動かす
PR 設計を作る

PRの前にPR設計を作ろう

　PRする意欲が高まってきたところで、次はいよいよプレスリリース作成？　それともSNS投稿？　といきたいところですが、その前に必ずしていただきたいことがあります。それは、**「商品・サービスの魅力を言語化する」**ことです。「魅力の言語化」をしておかないとPRの手法をいくら学んでも全く結果が出ない、相手に全く響かないという結果になってしまいます。

　たとえば、「あなたの商品の魅力を説明してください」と言われたら、どう説明をするでしょうか？　多くの方は、「商品のすごさ（特徴やスペック）」を説明すると思います。でも、これだけでは相手に「へー、すごいですね」と思われるだけで、心を動かすことはできません。

　では、心動かされる「商品の説明」とは何でしょうか。

　それは、その商品の過去・現在・未来という全体像を、**「商品のストーリー（なぜその事業を始めたのか。お客様の声はどうか。今後の夢は何か）」として伝える**ことです。そうすることで感情の起伏がプラスされ、相手の心を動かす商品の説明になるのです。

　PRする上で最も大切なことは、商品の魅力を言語化する、つまり**「商品の魅力を、第三者に余すことなく正確に伝えられる言**

葉に落とし込むこと」です。これを私は**「PR設計」**と呼んでいます。そして、このPR設計を誰でもマスターできるよう、6つのステップに分け法則化しました。

　私はこのPR設計を非常に重視してきました。土台を構築した上でPR戦略を考えなければ、全てが崩れてしまうからです。

　このPR設計はビジネスの基本でもあるため、PR設計の講座を受けただけで売上が上がる方も多くいらっしゃいます。PR塾を受講した年商100億円規模の企業の経営者は、その重要性をすぐに見抜いてPR設計をHPに掲載。営業ツール等にも活用したことで売上が大きく変わりました。

　6つのステップに沿ってPR設計を作り、それをぜひメディアPRやSNS発信、営業、HP、資料作成などに活用していきましょう。事業拡大する未来が開けていくはずです。

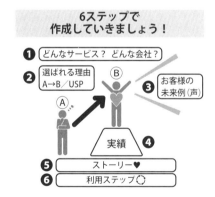

❶	どんなサービス？ どんな会社？
❷	選ばれる理由 A→B／USP
❸	お客様の未来例（声）
❹	実績
❺	ストーリー
❻	利用ステップ

6ステップで作成していきましょう！

POINT

　ターゲット層の心を動かすPR設計を作り、それをベースにPR活動をすることでファンを作ることができる。

あなたのサービスは何？

　ここからは6つのステップにそってPR設計を作っていきましょう。

　ステップ①の「どんなサービス？　どんな会社？」は、言い換えると「**あなたのサービス／会社をひと言で分かりやすく伝える**」ということです。ポイント

**6ステップ
を完成していきましょう！**

❶　どんなサービス？　どんな会社？
❷　選ばれる理由　A→B／USP
Ⓐ　Ⓑ
❸　お客様の未来例（声）
　実績　❹
❺　ストーリー♥
❻　利用ステップ

は、「耳で聞いて理解できる言葉」で書くことです。

　今後、メディアの方から突然電話がかかってきた場合に、「ひと言で言うと、どんなサービスですか？」と聞かれる場合があります。その時に、「**事前情報が何もない方にも、補足説明なしで、一度聞いただけで伝わる**」ことは非常に大切です。文字は少し長くても読み返すことができますが、言葉だけで伝える場合は専門用語は使わずに、シンプルで覚えやすい、短いものがおすすめです。

　たとえば、KPIやROIのようなアルファベットの三文字略語

は、耳で聞くと分かりにくいことがあります。それがモノなのか、サービスなのか、ジャンルさえ分からないまま、実績やストーリーを聞いても、理解できないまま終わってしまい非常にもったいないですよね。

　私の会社・LITAでいえば、「無名を有名にするPR会社」というように、**最後の名詞が大切**です。

　たとえば、Oisix（オイシックス）は「毎日の食卓に並ぶ食材を定期的にお届けするサービス」、エアークローゼットは「月額制のファッションレンタルサービス」となります。このように、そのワンフレーズを聞いただけで、ジャンルまで理解できる言葉を選ぶ必要があります。それが分からなければ、ステップ②以降で考えることが明確に伝わりません。ぜひ最後の名詞でジャンルを明示してください。

　ポイントは、小学6年生でも分かるような平易な言葉で説明するということです。

PR塾
➡ 無名を有名にする方法が学べる長期PR講座

エアークローゼット
➡ 月額制ファッションレンタルサービス

オイシックス
➡ 毎日の食卓に並ぶ食材を定期的にお届けするサービス

POINT
　事前情報や補足説明なしで、一度聞いただけで、ジャンルまで把握できるワンフレーズを考える。

PR設計を作る6つのステップ②-1
お客様に選ばれる理由

ビフォー・アフターで伝える

　次は、ステップ②「お客様に選ばれる理由」の1つ目「A→B
への変化」を考えてみましょう。

　分かりやすく言うと、**「Aだったお客様が、あなたのサービ
スを受けるとBになります」** という、ビフォー・アフターで説明す
るということです。

　あなたのサービスを受けると、具体的にど
うなるかがイメージできるような言葉が理想
的です。そして、これはお客様にある程度確
約できることを書いてください。

（一例）

- ダイエットに成功したことがない人が、3か月でリバウンドし
  ないダイエット法をマスターできる
- 英会話が苦手な人が、3か月で一人で海外旅行に行けるレベル
  の英語をマスターできる
- 夜ぐっすり眠れず、翌朝疲れが残ってしまう人が、朝までぐっ
  すり熟睡でき、翌朝すっきり起きられる

　このように、みなさんのサービスを取り入れることで、「A
だった人がどのようにしてBに変わるか」を言葉で説明してくだ
さい。これは、営業活動はもちろん、サービスの紹介をする時に
も、必ず使っていただきたい言葉です。なぜなら、**お客様は自身
の「変化」に対してお金を払う**からです。

　たとえば、高い美容液を買って、「この美容液を使うとハリの
ある肌になる」という変化の体験をする。PR塾なら、「PRで有
名になる方法を学んでキャリアチェンジする、メディア露出する
ことで有名になる」という変化の体験を求めて受講されます。こ
のように、人は変化することに価値を見いだしお金を払います。

　ただし、ここで気を付けていただきたいのは、「**そのサービスに
よって得られる直接的な効果**」に**フォーカスする**ということです。

　たとえばPR塾の場合、「彼氏ができます」とは約束していま
せん。もしかしたら、PR塾のサービスを受けることで自信がつ
き、SNS発信が上手になって彼氏ができた人がいるかもしれま
せんが、私は「PR塾で彼氏ができる」とは告知文に入れていま
せんし、お客様に対して約束していません。

　サービスを利用することで、通常こういう結果が得られます、
ということを書いてみてください。

　以上のことを参考に、「あなたのサービスを受けることで、ど
ういう変化が手に入るのか」をひと言で考えてみましょう。

POINT
　あなたのサービスによってお客様が実感できる変化を言語化するこ
とで、「このサービスを選ぶ理由」を明確にする。

Unique Selling Proposition（USP）を明確にする

　次は、ステップ②お客様に選ばれる理由の2つ目「**Unique Selling Proposition（USP）**」を考えてみましょう。

　「USP」とは、言い換えると「**あなたのサービスと、従来のサービスとの違い**」です。「すごいサービスですね、どういう特徴なのですか？　他社との違いは何ですか？」と、取材時に必ず聞かれる項目でもあります。

　USPは、その商品への購買意欲が高まった段階で、他の商品との比較の材料として使われます。

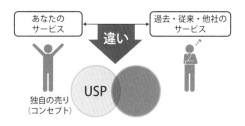

　まずは、他社の類似商品や過去の自分のサービスでもいいので、何かと比較しながら考えてみましょう。

　自分の商品の「他社にはないオリジナルな部分」を、「独自の売り（コンセプト）」として伝えることが大切です。

　それでは実際に、競合他社の「不便、いまいちな」ところから

書き出してみましょう。もしくは、「過去の不便、いまいちだった頃の自分のサービス」でもOKです。

　下の例では、一般的な広報セミナーのよくないところをピックアップしています。「他社は一方的な動画セミナーが多く、後から動画を見直すこともできない」「PR塾は双方向型講座で、卒業後も何度も見直せる動画や参考書代わりとなるテキストがついてくる」というように、比較して書いてみてください。

　順序としては、**先に従来のサービスの「客観的視点でネガティブに感じるところ」を書き、その後に自社のよいところを考えてみる**と書きやすいと思います。比較することで、自分のアピールポイントが明確になり、特徴が際立ちます。

　実際に3〜5つ考えてみてください。

STEP 1 従来のサービスの「不便、いまいちな」ところを書く	STEP 2 あなたのサービスの「ここがよい」ところを書く（1と比較して書く）
従来のサービス	**あなたのサービス**
（例）一般的な広報セミナー	（例）LITA主催のPR塾
1. メディアPR中心の講座。	1. メディアPR、SNS、出版、PR設計（マーケティング）、ブランディングなど、今の時代に必要な「選ばれるブランド力」を作る認知活動が学べる。
2. 知識は吸収できるが、アウトプットまでの支援はなく、その後すぐに行動できない。	2. 講義中にアウトプットまで完了できすぐに行動できる。
3. ロープレ練習などがない。	3. 講義中にロープレ練習もあり、すぐに行動に移せる。
4. 繰り返し閲覧できるテキストや動画がなく、行動する時に再確認できず困る。	4. 卒業後も見返せる参考書代わりのテキスト・動画があり、不安がない。
5. 短期間講座が多く、いざ実戦で困った時に質問や添削サービスが利用できず、不安になり改善もできない。	5. 1年間いつでも添削・質問ができ、悩むことなく行動できる。
6. オンライン受講の場合、講師とのコミュニケーションだけで孤独を感じやすくモチベーションが維持しづらい。	6. 塾生専用のメッセージプラットフォームを利用し、全国の仲間とコミュニケーションがとれ、チームとして成長できる。

POINT

　従来のサービスとの違いを明確にすることで、自分のビジネスの特徴が際立ち、アピールポイントが分かる。

PR設計を作る６つのステップ③
お客様の未来例（声）

お客様が想像できない
未来を提示する

　ステップ③の「お客様の未来例（声）」とは、「あなたのサービスを受けると、お客様はどんな感情・景色が見えるようになるか？」ということです。分かりやすく言うと、「あなたのサービスを受けるとあなたが想像し得ないこんな未来が開けているかも！」という「未来例」を提示することです。

　また、その未来例は、あなたの「叶えたいビジョン」に沿っていることがポイントです。

　ステップ②では、「お客様にある程度確約できる約束」を書きましたが、ここでは約束できなくてもOKです。「そんな未来もあるんだ、楽しそう！」という、ワクワク感が重要です。思いのままに、心が揺さぶられるようなことをぜひ書いてください。

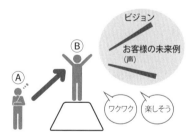

　たとえば、「PRすることで一気に認知が広がり、テレビのオファーが舞い込み仕事が３年先まで埋まった」「PRにより売上拡

大し、自社ビルが建った」「会社を辞め PR フリーランスとして
独立し、自宅で子育てしながら月 100 万円稼げるようになった」
というのも OK です。

　ちなみに私の場合、ビジョンが「全ての人・企業の可能性開花
に PR 力で貢献する」であるため、上記の未来例は私のビジョン
と一致していることが分かります。

　なぜ、この未来例が重要かというと、あなたが提示する未来例
に興味がある、共感してくれる人にしか、ターゲット層が広がら
ないからです。

　たとえば PR 塾の塾生は、以前は起業家の方がメインでした。
なぜなら、「PR 塾で学べば SNS 集客やメディア掲載が実現し、
売上が上がります」という、「起業家としての未来例」しか私が
見せていなかったからです。

　しかしある時、PR を仕事にして独立をしたり転職をしたりす
る塾生が現れ、「なるほど、そういう未来例もあるんだ」と気づ
いたのです。それから、「未経験からでも PR フリーランスにな
れる」という未来例もお伝えし始め、今では起業家と同じくらい
PR 自体を仕事にしたい方が受講されるようになったのです。

　**お客様の未来例を見せるということは、顧客層を広げる意味で
も非常に大切**です。お客様は意外と自分の未来が分からないこと
が多いので、ぜひいろいろな未来例のパターンを言語化してみて
ください。実例だけでなく、将来顧客の未来像も含め、3 つはパ
ターンがあるといいですね。

POINT
　その未来を想像した時に、ワクワクするような未来例を提示する。
顧客層を広げるためにはさまざまな視点から考えることが重要。

メディア・世間が
必ずチェックすること

　次は、いよいよステップ④実績です。実績はPR設計の中でも一番重要ですので、ここでは【概要編（1、2）】【実践編】と大きく3つに分けてご紹介していきます。

　実績とは、「第三者が、いかにあなたの商品やサービスを評価して買ってくれているか」ということです。

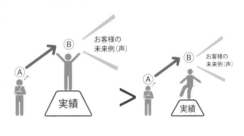

　たとえば、PRする際に「この美容液いいですよ」と自分でアピールする自画自賛（自薦）では、相手の心に響きません。重要なのは、**第三者が「この商品いいですよ」とあなたに代わっておすすめしてくれること（他薦）**です。

　なぜ、それほど実績が重要かというと、メディアや世間は、取材時や商品購入時に、必ずネットであなたやあなたの商品のことを検索し、実績をチェックするからです。

　実績はテレビで紹介される、雑誌の特集で掲載されるといった

メディア露出だけではなく、利用者の口コミやお客様の体験談、結果も実績となります。それゆえ、実績のほうが自己PR文章よりもはるかに信頼を得られます。

　また、相手に注目してもらうためにも、実績は重要です。

　もし、あなたが美容液を誰かにおすすめされたとしたら、どのような説明なら魅力を感じるでしょうか?

　「オーガニックの厳選された材料から特殊製法で抽出した美容液」と説明されるよりも、「有名な女性誌『VERY』で特集が組まれた美容液です」や「女優の○○さんはじめ多くの美容関係者が愛用しています」と聞いたほうが、「あの肌のきれいな人も使っているのか!　使ってみたいな」と感じると思います。

　注目を集め、信頼を得るためにも、実績は一番に記載、そしてその次に特徴や他社との違いを伝える。この順番を心掛けてください。

　「最初に実績を出す」ことで、メディア関係者との話の流れが変わる非常に重要な項目です。自己紹介やHP、営業用の資料でも、最初に実績を掲載することを意識してください。

POINT

　メディア露出や口コミといった実績(他薦)が、顧客の注目を集め、信頼度を高める。

固有名詞や数字の
裏付けがある実績を示す

　商品のよさを伝えるためには、特徴を並べるよりもまず信頼性のある実績を作り、それを伝えることが最優先です。では、信頼性のある実績とはどういうものでしょうか？

　それは、**固有名詞や数字で裏付けされた実績**です。

固有名詞	数字
・オリンピック金メダリストの○○さんも愛用	・これまで4,000人が受講
・○○大学や○○（企業名）でも研修を実施	・使用すると、98％の人が○○できるようになった
・トップモデルの○○さんも愛用	・受講生の就職率90％

　また、初期は数字を出しにくいので「受講後、受講生が○○に合格」「こんなに生活が楽になった」というお客様の声も実績として入れ、実績が集まったら、「これまで○人が受講」「○％が達成」など、数字での表現に差し替えます。実績は常に見直し、更新していくことを心掛けてください。どんな企業も、たった一人のお客様の声を得るところからスタートしていきましょう。

　発売前で**実績がない場合**は、**経営者のこれまでの実績など、経歴の中から実績をピックアップするのもおすすめ**です。

　実績がないと嘆くのではなく、実績はなければ作っていくものと思考を切り替えてみましょう。

　私の場合も自己紹介の約7割が実績です。PR塾の特徴をほとんど記載していなくても実績があれば商品の魅力は伝わります。第三者の口コミや数字の実績は、説得力を高めてくれるだけでなく、その商品に対する最も信頼できる品質保証となるのです。

【PRプロデューサー　笹木郁乃】

　（実績重視前）PR塾を主宰しており、起業家・経営者向けにPRで認知・売上を上げるノウハウをお伝えしています。PR塾では、PRに必要なポジショニング・認知活動、商品PR、SNS PR、メディアPRなどのPRとビジネスに特化した内容が学べます。

　　　⬇

　（実績重視後）A社において、PRによって5年で年商を100倍に急成長させた実績を持つPRプロデューサー笹木郁乃です。また、10億円規模の鍋メーカーでは、自身が構築したPR戦略により主力商品を12か月待ちの予約殺到商品に押し上げました。その後、独立5年で約5,000名の経営者・起業家にPRを直接指導し、主宰する「PR塾」は5年間毎回満席の人気講座です。また、大手企業含め100社以上の企業PR支援を行っています。

POINT
　プロフィールや、短い時間で商品説明をする際は、7割を実績で埋める。

017

PR設計を作る6つのステップ④ 実績（3）

自分の実績の 「他己評価」を知る

　ここからは実際にあなたの実績を考えてみましょう。分かりやすく言うと「あなたのすごい！」を言語化するイメージです。

　このワークはぜひ誰かに手伝ってもらうことをおすすめします。なぜなら、**自分で「すごい！」と思う実績と、他の人が「あなたのここがすごい！」と思う実績は違うことがある**からです。

　このワークはターゲットの感覚が大切です。**3人程度でよいので、あなたの顧客層の方に、「これがすごい！」という項目を確認し、最も支持を集めた実績を使ってみてください。**

（自分の実績例）

- リピート率90%
- 行政とコラボ企画実施
- ピアノを弾き始めて25年
- 300件以上のコンサル実績
- 主催セミナー1〜10期まで満席
- 3か月先まで予約でいっぱい
- （声）この講座を受けて売上が2倍になりました
- （声）○○さんのアドバイスを実行してみたら△△になりました

　実績の他己評価は次の3つの手順で行っていきます。ぜひ、ご自身の実績の棚卸しのつもりで書き出してみましょう。

①自分の実績を10個書き出す

②ペルソナ層に、「すごい！」と思う順に数字を記入してもらう

　（平均値を知るために、最低3人にアンケートをとる）

③なぜこの順なのか理由を聞いてみる

　相手が「すごい」と思う順番はおそらくあなたの考えとは違ったのではないでしょうか？　そして、**なぜその順なのかという理由の中には自分では分からなかった魅力がある**はずです。

　PR塾でもいつもこのワークを行いますが、自分が一番インパクトがあると思っていた実績が、他己評価と違うことが70％の割合で起こります。他己評価を活かし、今ある実績を効果的に使ってPRしていきましょう。

　また、実績の数は多く、インパクトが強いほど、信頼感を与えられます。14項の「お客様の未来例」を見た人が、「こんな大きな夢を語っているけど、本当かな？　過剰プロモーションでは？」と調べた時に、そこに実績も書かれていると、「本当だった。信頼があるな」と安心材料、納得材料になるからです。

　そのため、実績は最初に見えるように、HPやSNS、ブログで常日頃から意識して発信しておくことが大切です。

POINT

　自分で書いた実績を、客観的に評価してもらうことで、自分の思い込みをなくし効果的にPR活動ができる。

018

PR設計を作る6つのステップ⑤-1
ストーリー

なぜストーリーを
伝えた方がよいのか？

　ステップ⑤のストーリーは、ステップ④実績に次いで重要です。ここでは「ストーリーの必要性」「ストーリーの4つのポイント」「ストーリーグラフの作成」の3つに分けてご紹介します。

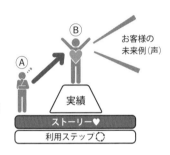

お客様の
未来例(声)

実績

ストーリー♥

利用ステップ◯

　メディアの方は、自身の媒体を通じて視聴者の心を動かしたい、感動によって勇気を与えたいという使命感を持っています。では、どうすればその使命感に届く情報を伝えられるのでしょうか。

　それは「ストーリー」を伝えることです。**ストーリー**とは、言うなれば「**その人や商品を通じて、共感を生み、感動を与える、その会社（人）のドラマ**」です。

　残念ながら、ステップ①〜④で頑張ってひねり出した項目は、同業他社と類似している場合があります。しかし、「なぜこのサービスを作ったのか」「どんな苦労があったのか」というストーリーは他社との差別化になります。それだけでなく、ストー

リーは相手の心を動かし、ファンになってもらえる効果も期待できます。

　特に、最近のメディアの傾向は、「ストーリーを通じて商品（サービス）を紹介する」ことが増えています。ストーリーをPRすることで、メディアの方にとってもコンテンツが作りやすくなり、掲載の確率がグッと高まるのです。

　また、**実績では到底及ばない大企業に勝てる唯一の手段が**、この**ストーリー**です。大企業では個人が見えづらく感情面を出しにくいため、これを活用することは大きなチャンスとなります。

　たとえば、雑誌でよくある「成功者のサクセスストーリー」などを考えてみてください。おそらく、起業当初は上手くいかなかった、社員が全員辞めた、倒産したなど、何らかの挫折経験があり、そのことを踏み台に成功した、というストーリーが多いと思います。なぜこのようなストーリーを掲載するのか。それは、その失敗に読者は深く共感しその人を応援したいと思ったり、自分も頑張ろうと心動かされたりするからです。そして、メディアの方はそういうストーリーを読者や視聴者に伝えたいと思っているのです。

　多くの人は、失敗談を伝えることは恥ずかしい、ブランドイメージを上げようとしている会社にとってはマイナスだと思うかもしれません。しかし、その失敗があるからこそ、他との差別化となり、第三者の印象に残るポイントになるのです。

POINT

　自分にとっては恥ずかしい失敗談も、メディア関係者や顧客にとっては興味を持ち、共感するきっかけになる。

思わず取り上げたくなる
ストーリー4つのポイント

　ここでは実際に、**メディアの方が思わず取り上げたくなるストーリー**がどのようなものか、下記の4つのポイントを意識しながら、前述した丹後さんの事例を見てみましょう。

①なぜその商品やサービスを作ることにしたのか

②商品やサービス販売までにどういう苦労・失敗があったのか

③そこからどのように回復していったのか

④今後の夢

①もともとは不動産業と保険代理店を経営していたが、地元今治のためにと考え、廃業予定だったタオル工場を引き継ぐ。

②当時は、自分たちの工場でどんなタオルが織れるのかも知らず、知識0、取引先0からのスタート。経営はまさにいばらの道だった。半年間、仕事が全くなく資金はどんどん流出していく。そんな時、回転数の高い高速織機では切れてしまう甘撚り糸と出会う。自社の年代物の低回転数織機なら織れるかもしれないと、何度も工場スタッフを説得。熟練の工場長ですら何度も失敗を重ね、試行錯誤の末にやっと納得できるものが完成した。そのタオルに触れた時に、これをお客様に届けられる

なら、苦労してでもこの工場を引き継いでよかったと思った。そして、「しあわせを織りなす」という意味の「OLSIA（オルシア）」というブランドを作った。

③しかし、物作りも営業も未経験。いいものを作ったら売れると思っていた。まずは東京の百貨店を回ったものの「他と何が違うの」と聞かれても全く答えることができなかった。「自分たちのタオルの何がよいのかちゃんと伝えられるようになりたい」との思いからPRを勉強し、ターゲット層を子育てに奮闘する30〜40代の女性に設定。そして、『日経WOMEN』にアプローチした結果取材に繋がり、それがきっかけで「日経ウーマン・オブ・ザ・イヤー2019」を受賞。その後もメディアPRで掲載を獲得し認知を広げていき、ついに伊勢丹新宿店でオルシアの常設販売をスタートさせた。

④これからも地元今治の活性化のため、「タオルで人生を豊かにしたい」という思いでさらなる拡大を目指していきたい。

このように、ストーリーを書く上で最も大切なことは「感情レベルの起伏」です。これが激しければ激しいほど理想的です。

もともとは「**①平凡な過去**」があり、その後社会情勢などで「**②失敗・苦労の過去**」、そして「**③成功した現在**」、その先の「**④挑戦する未来**」という、**波があるストーリーが魅力的**です。

失敗や苦労の話は深ければ深いほど、成功した現在への感動、勇気に繋がります。

POINT
失敗や苦労の話を必ず入れ、感情レベルの起伏の大きいストーリーを書く。

ストーリーグラフを
作ってみよう

　前項までで作成したストーリーをもとに、実際にあなたの商品やサービスのストーリーグラフを作成してみましょう。

　ストーリーグラフとは、ストーリーに必要な**"感情の起伏"**を「**見える化**」するためのものです。

　ストーリーグラフを作成する際のポイントは、グラフの谷（苦しい経験や失敗）を意識することです。自分ではあまりいい印象がない暗黒の時代、失敗した経験があればあるほど、ストーリーPRでは武器になります。

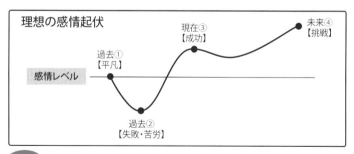

理想の感情起伏

感情レベル

過去①
【平凡】

過去②
【失敗・苦労】

現在③
【成功】

未来④
【挑戦】

Point　　　理想の顧客層に響きそうか?!

なぜなら、人は順風満帆の人にはあまり共感を抱かないからです。良いことばかりでは、実績と変わりません。「その苦労、失敗をしたから今があり、未来のこんな夢に向かって、今挑戦しています」という起伏のあるストーリーこそが共感を集めるのです。

ぜひ、第三者の心を動かすあなただけのストーリーを伝えてみてください。

また、ストーリーを伝える時には**当時の様子が分かるものがあるといい**でしょう。写真や映像があると、頭の中でストーリーが再現でき、また、視覚的要素からより深く印象に残るためです。ぜひ、失敗作や苦労話は、成功した未来のために、写真に収めておいてくださいね。

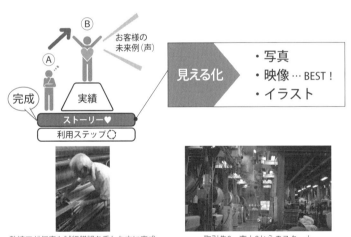

熟練工が何度も試行錯誤を重ねた末に完成

取引先0、売上0からのスタート

POINT

ストーリーの感情レベルをグラフにし、視覚化することでより印象に残りやすくなる。

PR設計を作る6つのステップ⑥ 利用ステップ

どのようなステップで その効果が得られるか

さて、①～⑤までが完成した
ら、最後はステップ⑥利用ステッ
プを考えてみましょう。

利用ステップとは、分かりやす
く言うと「この商品を買った後、
どうやって使うのか?」「この
サービスを申し込んだ後、どうい

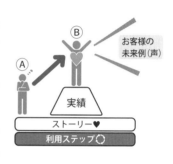

う手順で利用するのか?」ということです。

手順は、サービス提供者側には当たり前のことなので、HP等
に掲載されていないことがあります。しかし、**表示しておくこと
で購入を検討されている方の後押しにもなります。**

たとえばパーソナルスタイリングサービスのDROBEは、どう
いう手順で利用できるのかがHPに掲載されています(右図)。

初めて利用する人には、利用手順が想像できなかったり不安が
あったりすると購入に至らないこともあります。利用後の流れが
分かると、安心して利用、購入してもらえる手助けになるのです。

また、**利用ステップはメディアの方が視聴者に分かりやすく伝
えるためにも必要な情報**です。重要度としてはステップ①～⑤の

STEP1	STEP2	STEP3	STEP4
プロフィールを記入	スタイリストから提案	受け取り・自宅で試着	商品のフィードバック・返送
お好みのスタイルや、あなたの体型、入し、会員登録をお願いします。	プロフィールを基に、スタイリストがあなたに似合う商品をお選びします。お選びした商品の一部は、スタイリストが事前にLINEで確認させていただきます。	お選びした商品をご自宅にお届けします。ゆっくりご試着をお楽しみください。	ご試着後に商品へのフィードバックをしていただき、不要な商品のみご返送ください。料金は事前にご登録いただいたクレジットカード等でお支払いいただきます。

DROBE公式HPより　https://drobe.jp/

ほうが重要ですが、購入の後押しをするためには利用ステップも大切な項目です。お客様が商品やサービスの購入前・後をイメージしやすいよう、ぜひ記載してください。

　また、DROBEのHPには、次のように記載されています。

　「スタイリストが選んだ『商品5点』に加え、着こなしのポイントなどを記載した『スタイリングカルテ』も一緒にお届け。トップスやボトムスだけでなく、バッグやシューズなども組み合わせたトータルコーディネートでご提案いたします」

　このように表示することで、「それなら使えそう」「便利そう」という安心感に繋がり、購入の後押しとなります。

POINT
　購入後の利用手順がイメージできると購入の後押しになる。

PR設計をHPに掲載する

　ステップ①〜⑥でPR設計は完成です。ご自身の商品やサービスをPR設計という視点で見ることで、客観的に見ることができたのではないでしょうか。

　このPR設計が完成したところからが、PRのスタートです。ここからは、PR設計の活用編となります。

　まずは、HPの代表プロフィールや会社プロフィール、会社紹介などをチェックしましょう。
　HPのプロフィールの目的は、短い時間でその人・商品のことを伝え、信頼感や安心感を与えることです。
　「この人すごいなというインパクト」＋「何をやっている人かが分かる」よう、必ず次の2つを入れてください。

【HP用のプロフィールに入れるPR設計】

- PR設計のステップ① どんなサービス？　どんな会社？
- PR設計のステップ④ 実績

この2つを盛り込むことで、この会社、商品は安心です、実績があります、信頼できますと伝えることができます。

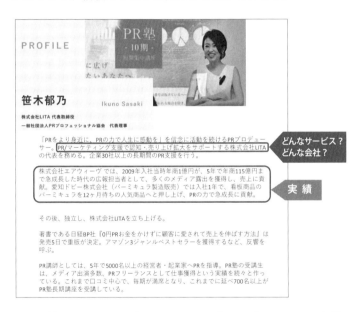

その他、HPのトップページのヘッダービジュアルにも実績を入れ込みましょう。まだ無名の会社は特に、最初にインパクトと信頼を伝えることが重要です。

POINT

HPには、①どんなサービス？　どんな会社？　と、④実績を優先で入れ、短時間で信頼を掴むことが重要。

PR設計をSNSに掲載する

　HPだけでなく、SNSにもPR設計を掲載しましょう。

　「ためになる投稿だからフォローしようかな」と思われても、「プロフィールがイマイチだからやめておこう……」となってしまっては、せっかくの投稿も意味がありません。そうならないためにも、プロフィール欄はしっかりと作り込んでください。

　SNSのプロフィールにもPR設計を使いますが、HPや会社紹介資料とSNSでは若干違いがあります。それは、「**SNSは共感が大切**」ということ。そのため、ステップ③で設定した「ビジョン」を入れ、あなたの思いに共感してもらうことが重要です。

【SNSのプロフィールに入れるPR設計】
- PR設計のステップ③ ビジョン
- PR設計のステップ④ 実績

　たとえば、はあちゅうさんのように、SNSで認知度が高い人は「はあちゅうです。○○始めました」で十分ですが、それを無名の人が真似しても全く意味がありません。自分は無名だということを自覚して、まずは信頼感をしっかりアピールし、さらに共

感してもらえるよう工夫しましょう。

　皆さんがSNSを使う目的は、ビジネスに繋げることや、PRで会社の発展に寄与することだと思います。そのためには、**商品や会社の実績を伝えるとともに、共感を得ることが重要**です。

　SNSに掲載するプロフィールには、ユーザーに信頼され、かつ共感されやすいようステップ③ビジョンと④実績を盛り込む。

メディア関係者が取材前に確認するもの

　プレスリリースを送った時、必ずメディアの方がチェックするのが SNS や HP です。定期的に更新されているか、しっかりと実態があるかなどがチェックされます。

　昔は HP も SNS もなかったので、リリースを見て電話取材し、本取材の決定という流れでしたが、今は HP や SNS を事前に確認した上で、取材オファーに繋がります。

　そのため、今では HP や SNS があることが取材の大前提と言っても過言ではありません。

　メディア掲載において、プレスリリースのチェックが1次試験だとすると、HP や SNS のチェックは2次試験と言えます。HP や SNS が、PR 設計が抜けている「ザル」のような状態では、プレスリリースをいくら送っても信頼感や安心感を与えられず、取材に繋がりにくくなります。不安感を持たれてはいけないのです。

　HP や SNS に PR 設計を反映し、しっかりと情報が網羅された穴のない「ボウル」の状態にすることで、メディア掲載に繋がる確率が格段に高まります。

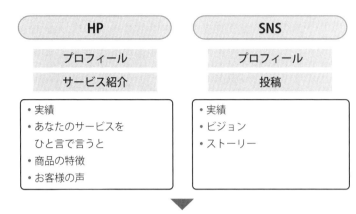

HP	SNS
プロフィール	プロフィール
サービス紹介	投稿
・実績 ・あなたのサービスを 　ひと言で言うと ・商品の特徴 ・お客様の声	・実績 ・ビジョン ・ストーリー

PR設計を随所に盛り込む

　SNSでは、フォロワー数が少ないことを気にされる方が多いのですが、メディア視点からすると、**SNSのフォロワー数はそこまで気にするポイントではありません**。それよりも、信頼感があるかが重要なのです。

　ぜひ、本格的なPRを始める前に、PR設計をもとにHPとSNSを整えておきましょう。また、定期的に最新情報に更新するよう心がけてください。

　修正可能な箇所をすぐに修正しましょう。

□ HP　　　　　　　　　　□ SNSプロフィール
□ ブログプロフィール　　□ メルマガ署名
□ 自己紹介資料

POINT

　今の時代、取材前にHPかSNSは必ずチェックされていると思っておこう。PR設計と、最近の活動状況を入れるとメディア側も安心する。

会社紹介資料でファンを作る

　サービスを魅力的に伝えるためのPR設計の6ステップをマスターできれば、売上にも繋がり、メディア掲載獲得にもグッと近づきます。魅力的な商品であれば、電話だけでも相手の心を動かすことができるでしょう。それだけ、PR設計にはビジネス全般において活用すべきポイントが詰まっています。

　しかし、その重要なPR設計を、メディアPRや商談で伝える時、自分の話術だけに頼るのはかなりのスキルが必要です。

　そういう時におすすめなのが、**PR設計をもとにした「会社紹介資料（個人の方は、自己紹介資料）」をパワーポイントで作る**ことです。

　「うちにはパンフレット（会社概要）があるから必要ないよ」と言われる方もいらっしゃいますが、実はお行儀よく製本されたお客様向けのパンフレットは、PRという観点においてはあまり意味を成しません。なぜなら、**SNS時代のPRは「欠点も失敗もストーリーで見せ、それも含めた個性に共感しファンになってもらう」**ことが重要だからです。

　実は、PR設計とこの会社紹介資料だけでも、メディア掲載や、売上アップに繋がると言っても過言ではありません。それく

らい重要な資料と考え、熱い想いを込めて作るべきだと思っています。

　実際私は、PR設計を会社紹介資料にし、「電話でアポイント＋会社紹介資料で説明」だけで、SNS発信もプレスリリースも作らずに、多くのメディアに紹介していただいてきました。

　メディアPRの際には、プレスリリースは1リリース1テーマの原則があるので、その会社の一部しか紹介することができません。

　しかし、この会社紹介資料には、会社の実績やストーリーなど、リリースでは伝えきれない情報を入れ込むことができます。

　PR設計に沿って伝えると、**自社の魅力を「点」ではなく、「面」で伝えることができ、相手がファンになってくれます。**相手の心を動かすことができれば、メディアも「点」という瞬間ではなく「面」、つまりテレビでは長尺の企画や、新聞なら大きな面での紹介に繋がっていくのです。

　この「PR設計＋会社紹介資料＋直接伝える（もしくはzoom）」というやり方は、原始的な営業スタイルかもしれませんが、相手の心を動かすことができるため、成功確率がぐっと高まります。

　とはいえ、皆さんがこの営業スタイルを常に行うのは、時間も手間もかかります。そのため、3章からは効率のよいSNS発信やプレスリリースのテクニックもお伝えしていきますが、この「PR設計＋会社紹介資料＋直接伝える」の威力もぜひ頭の片隅において、慣れてきたら並行して使ってみてください。確実に、メディア掲載に一歩近づきます。

POINT
　欠点のない「完成品」のような会社パンフレットでは、共感は得られない。

事業拡大に繋がる 会社紹介資料

　会社紹介資料を活用していくと、単発のメディア露出で終わらない、事業拡大のためのPR活動ができます。下図のように、メディアPRだけでなく、さまざまな効果が期待できるのです。

- プレゼン時、相手により深く思いが伝わりファンになってもらえる
- 商談時の成約率が高くなる
- 出版社へ企画書と一緒に出すことで思いが伝わる

　それでは、実際にPR設計から会社紹介資料を作成してみましょう。

会社紹介資料あり
あなたへの
信頼・好き・応援したい気持ちがUP

仕事が決まる　商品が売れる　メディアで紹介される　人を紹介される

なし
周りにいる
「＊＊屋さん」
と変わらない

　会社紹介資料には決まったフォーマットはありません。下記の作成ステップ0〜6のポイントさえ押さえられていればOKですので、作りやすい形式で作ってみてください。次の項目からは、LITAの会社紹介資料を例に作り方を説明しますので、参考にしていただければと思います。

【会社紹介資料作成のポイント】

- PR設計を余すことなく入れる
- イメージを共有する
  - ➡写真やグラフ、データを入れ、視覚で情報を共有するイメージで作りましょう。

会社紹介資料作成ステップ

0	表紙
1	あなたのサービスとは
2	実績
3	プロフィール or ストーリー
4	サービスの特徴（USP)
5	お客様の声
6	お問合せ先

POINT

　PR設計と会社紹介資料があれば、自分だけのシャンパンタワーを作り、事業を拡大していくこともできる。

あなたのサービスを
具体的に書く

　前項でご紹介した0〜6のステップを詳しく説明します。

ステップ0：表紙

　個人なら名前、会社なら会社名や商品名、サービス名などを入れます。

ステップ1：あなたのサービスとは

　1枚目には、PR設計で作った「①どんなサービス？　どんな会社？」をひと言で書きましょう。

　ポイントとしては、言葉だけではなく、**商品やサービスの代表的な写真を一緒に入れてください。**

　たとえばLITAなら、ロゴやスタッフの写真など、一目見てイメージが分かるものを入れます。

　次に、2枚目に事業内容を入れます。皆さんの会社の「**具体的な事業内容や商品**」を箇条書きで入れましょう。

　たとえば、11万人の愛読者を持つ月刊誌を発行する致知出版社なら、月刊誌の特徴、LITAなら事業内容になります。ブランドが複数ある場合などもここに記載しましょう。項目が少ない場合は、1枚目と合わせてもOKです。

　あなたのサービスが何なのか、どんな事業をしているのかがはっきり相手に分からなければ、この先、いくら実績やストーリーを伝えても相手には届きません。まず、「**あなたは何屋なのか**」を最初にはっきりと伝えてください。

POINT

　会社紹介資料は、パワーポイントで手作りでOK。写真も多めに活用し、文字だけでは伝えきれない部分を視覚的に共有する。

実績とストーリーで
信頼と共感を得る

ステップ2：活動実績

PR設計の④実績を入れましょう。

PR設計でもお伝えしましたが、会社紹介資料でもできるだけ早い段階で実績を提示しましょう。なぜなら、「相手に話を聞く価値がある」と思ってもらう必要があるからです。

27項でも紹介した致知出版社なら、どれくらいの発行部数なのか、LITAなら、どんなメディア掲載実績があるのかを先に伝えることで、前のめりで話を聞いてもらえます。

LITA

まずは、一番大きな実績から書いていきましょう。

ステップ3：プロフィールorストーリー

次はプロフィール、もしくはPR設計の⑤ストーリーを入れましょう。

　プロフィールは、年表形式や売上グラフに沿って説明するなど、**視覚的に理解しやすいことも重要**です。一般向けの場合は、20項で作ったストーリーグラフにするのもおすすめです。

　相手によってどういう形式が響くのか、**紹介内容を変えて作成**してみてください。

実績を中心に紹介

笹木郁乃　自己紹介

これまで**5000名以上**の方にPRを指導
長期講座の**PR塾は5年間連続満席**

　資料の早い段階で一番大きな実績を紹介することで、話を前のめりで聞いてもらえる。

商品の特徴や顧客の声で
イメージさせる

ステップ4：サービスの特徴（USP）

　ここにはPR設計の②サービスの特徴（USP）を入れましょう。

　LITAなら「PR塾の特徴を分かりやすく入れる」または、「PRメソッドの説明」など、できるだけ写真や図を入れて視覚に訴えます。

OJT式PR塾の特徴1、2

OJT式PR塾の特徴1

❶ メディアPR、SNSPR、出版企画書、プレゼン資料作成など、今の時代に必要なPR活動が全て学べる

❷ 講義中にアウトプットが完成し、すぐに行動できる

OJT式PR塾の特徴2

❸ 卒業後も、何度も見返せる参考書代わりとなるテキストや動画がついてくる

❹ 1年間いつでも個別相談・添削・質問ができ、悩むことなく行動できる

ステップ5：お客様の声

PR設計のステップ③お客様の未来例（声）を入れましょう。

B to Bのサービスでは実績が重要です。**どういう結果が出たのか、企業に対してどういう貢献ができたのか記載**しましょう。

ステップ6：問い合わせ先

最後はお問い合わせ先と、あわせて「どんなことでもお気軽にお問い合わせください」と記載するといいですね。

最終的にこの会社紹介資料で何かを販売したい、クロージングしたいという場合は費用を入れて終了です。

会社紹介資料には正解はありません。ただ、文字ばかりではなかなか頭に入ってきませんので、PR設計が相手に分かりやすく伝わるように、写真やグラフを入れて視覚的に訴えるのがおすすめです。この資料は、きっとあなたの強い味方になってくれますので、PR活動以外にも、ぜひ活用して下さいね。

POINT
商品の魅力を裏付ける客観的な実績（他薦）を、図や写真で説明する。

	PR塾（LITA が主宰している講座）
ステップ① ひと言で	PR スキルが学べるオンライン長期講座
ステップ② A → B	PR 未経験者が→ サービスを認知拡大させる PR スキルが身につく
ステップ③ 顧客の未来例	（ビジョン：全ての人・企業の可能性開花に PR で貢献する） ・独立し自由な働き方を手に入れる ・自社の売上アップに成功し自社ビルが建つほどに拡大する
ステップ④ 実績	・5 年間常に満席開講 ・PR 塾メソッドが 1 冊の本『0 円 PR』となり発売される ・5000 人以上に PR を指導
ステップ⑤ ストーリー	1. 自分自身が PR を始めた頃、先輩もおらず PR で結果を出すのに非常に苦労した。同じ状況の人を助けたいと思い PR 塾をスタート 2. PR 塾を開講するも教え方が悪く、行動できない人多数。プレイヤーで成功しても指導者としての力は別物と反省 3. 全員が成功できるようなシンプルメソッドを確立 4. 受講生の卒業時アンケートでは、80％以上が目標達成したという結果を維持。より多くの認知拡大に困っている人、会社をサポートしたい
ステップ⑥ 利用手順の具体化	1. 自宅にテキストと会員サイトへの案内が届く 2. 担当スタッフからのオンラインガイダンスを受け、講座の受講の流れや会員サイトの使用方法を把握し、流れを掴む 3. 同時期入会者が同期クラスとなり、同期クラスでのオンライン入学式に参加する 4. 1 年間のオンライン講座がスタート。自分の都合や求める未来に合わせて、授業をカスタマイズして受講する 5. 月 1 のクラス会で同期と進捗共有をする 6. 質問や添削は 365 日オンラインで相談可能

第3章

売上に繋がる
SNSの作り方

あなたに適した
SNSを見分ける

　この項の目的は、「**あなたがメインで運用するSNSを決める**」ことです。

　よくあるSNSの選び方としてやってしまいがちなのが「ターゲット層から選びましょう」という方法です。もちろん、これも正しい考え方ではありますが、それがうまくいくのはターゲット層が「あなたが運用しやすいSNS」と一致した場合だけです。

　実は、**SNSで一番多い失敗**が、ターゲット層の不一致などではなく、「**運用に慣れずに疲れてしまい、続かなくなってフェードアウト……**」ということです。SNSは日々のコツコツとした運用、継続こそが大切なのです。

　たとえば、毎日運動しようと心に決めたとします。やらなくても誰かに怒られるわけではありません。ジョギングや縄跳び、水泳など、さまざまなスポーツから「あなたはどれを選択しますか？」　と言われたら、あなたは、

- 体のどこに効くか
- 自分でもできそうか（楽しく続けられそうか）

　この2点をポイントに選ぶのではないでしょうか？

　継続するためには、絶対に後者の視点が大切です。いくら体にいいからといって、走るのが大嫌いで苦手な人がジョギングを毎日続けるのは"苦行"以外のなにものでもありません。

　SNS運用でも同じことが言えます。本気でやろうと思うと、それなりにエネルギーも時間もかかります。だからこそ、楽しく苦なく続けられる、そして自分がやっていて楽しいSNSを選んだ方が、あなたの思いがまっすぐ届き、フォロワーの心を動かしやすくなります。

　SNS運用を成功させるには、継続が第一条件です。ターゲット層だけにとらわれず、**どのSNSが自分にとって居心地がいいか、相性がよいか、まずはそれを基準に選んでみてください。**

　それでも迷った場合は、下記のSNSの特徴を参考にするといいでしょう。

メインユーザー層	f	Instagram	Twitter	LINE	Amebaブログ
	30〜50代	10〜20代	10〜30代	全世代	30〜50代
特徴	・30〜50代へのアプローチに強い ・向上心が高いユーザーが多い ・フルネーム登録のため信頼性がある ・友達申請が必要→リアルの交流に近い ・文字数、画像の有無など、指定がないので他のSNSに比べ使い方が自由	・10〜20代の女性が依然多いが、最近は30代も増加 ・「何の情報発信をするアカウントか」の一貫したテーマ設定・世界観が必要 ・ハッシュタグは1度の投稿でMAX30個まで→検索対策に ・フィード投稿とストーリーズ・リールなど他の機能の活用もポイント	・他のSNSより、10〜20代ユーザーの利用率が高いが、30代も利用率50%と高め ・利用ユーザー数がLINEに次いで2位 ・匿名登録のため、炎上しやすい ・リツイート機能で拡散性が高い ・投稿頻度が高くないと埋もれる	・世代を問わず利用率が高い ・主な使用目的は知人・身内とのコミュニケーションツール ・LINE公式アカウントには登録してもらう手間が必要 ・拡散性はないが、一度登録してもらえると、既読率は高い	・「読者登録」「イイね」などが積極的に行われ、SNS要素のあるブログ ・女性ユーザーが多い ・自分の世界観の中で価値観をじっくり共有できるため、ファン化しやすい ・「アメトピ」「ランキング」機能があり無名の人でも上位にランクインすることで認知が飛躍しやすい

POINT

　SNSの運用は継続的な更新が鉄則。ターゲット層の属性だけでなく、運用する自分が継続できるSNSを選ぶことが重要である。

SNSの種類・特徴をつかむ

ここでは各SNSの特徴をおさらいしてみましょう。

Twitter……1投稿140文字という特性から、端的で本質をとらえた発言やユニークな「とがった発言・考え方」が好まれる。**流行・トレンドワードなどに敏感で、コミュニケーションが好きな方にはおすすめ**。影響力がある人の投稿をリツイートする、影響力のある人の投稿へコメントして自分の影響力を上げることで、短期間でフォロワー数を伸ばしやすい。

Instagram……**あなたの投稿とフォロワーの「好き」が合致しているかがポイント**。そのため、フォロワーにとって魅力的で役立つ情報を発信し続けられるかが重要。その際、設定したテーマに関する「雑誌」を作ることをイメージすると、世界観がぶれない。

Instagramでは、ユーザーが検索できるのは「名前（アカウント名）」「ハッシュタグ」「スポット（場所）」の3種類のみであるため、効果的なアカウント名とハッシュタグを付けておくことで、ユーザーに発見されやすくフォローされる可能性が高くなる。また、ユーザーがアクティブな時間等を分析した上で投稿を

ツイッター	Instagram	facebook	ブログ
とがった発言/考え方 流行 人対人のコミュニケーション	「あなたの好き」と合致しているか	自己啓発 近況報告	あなたの考えにどっぷり共感 お役立ち情報 マイワールド

行うことで、訴求効果が高まるという特徴がある。

Facebook……実名登録が必須なので、出身地や出身校などで繋がることもでき実社会に近い感覚で使える。**信頼を得やすい**ことから、**ビジネスの人脈作りに活用**している人も多く、成長意欲が高い人が多い。そのため、ネガティブな投稿がしづらく、「○○の資格とりました」「○○学んでいます」「子供が産まれました」など、仕事やライフイベントに関する投稿が多い。

ブログ……バナーアイコンや背景などをカスタマイズすることで**自分の世界観を存分に構築でき、共感を深めてもらうことができる**。特にアメブロは、「いいね」や読者登録ができるなど、SNSに近い機能もあるため、これから起業される方はアメブロがおすすめ。また、「コーチング」「子育て」等のジャンル別のランキングもあり、その上位に入ると認知にも繋がる。類似ツールとしてnoteがあるが、より拡散性があり、ファン化しやすいことが特徴。

POINT
それぞれのSNSの特徴を理解し、どのSNSを運用するか総合的に判断する。

会社のアンバサダーを育てる

あなたのSNS運用の目指すべき姿はなんでしょうか？

おそらく、ビジネスに繋げたいという方がほとんどだと思います。「それなら広告を出したほうが早いのでは？」と思われるかもしれませんが、私は「SNS PR」を絶対におすすめします。

そもそも、「広告」と「SNS PR」の根本的な違いは何でしょうか。それは、簡単に言うと、

広告＝多くの消費者に広く知ってもらうことが目的

SNS PR＝フォロワーにとって価値の高い情報を投稿し、**共感度の高いファンを増やすことが目的**

ということです。

SNS PRは、地道な作業が多い上、すぐに結果が出るものではありません。それでもSNS PRをするメリットは、

- 100人の濃いファンを育て、彼らの口コミによって1,000人、10,000人と共感の渦を作っていくことができる
- 企業の理念やストーリーなど、深い部分を知ってもらう

ということにあります。この「**会社のアンバサダーとなるファンを育てる**」意識がSNS PRでは非常に大切です。

広告にはない、SNS運用のメリットは、「SNS発信に共感していくことによって、フォロワーが応援団となり、シェアやコメント、

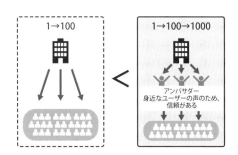

口コミなど好意的な反応をしてくれる」ことです。仮に1,000人のフォロワーしかいなかったとしても、そのうち50人があなたの応援団となり、口コミやシェアを積極的にしてくれたら、その応援団の周囲のフォロワーにも広く認知されていきます。

つまり、「口コミ、シェア、コメント」などをしてくれる好意的な応援団を自然と作れるかが大切なのです。

たとえば、人間学を学ぶ唯一の月刊誌を発行している致知出版社では、過去に誌面掲載された方の格言をFacebookに毎日「今日の言葉」としてアップしており、その投稿に共感した方から毎日100件以上シェアされています。

このように、**会社のアンバサダーを育てるアカウントを作るためには、「メッセージの方向性、投稿の割合、世界観の統一」という3つの軸を意識する**必要があります（後述41章）。

SNSはなんとなく運用するのではなく、目指すべき姿を設定してから始めるようにしましょう。

POINT

SNS運用の魅力は、「アンバサダーとなる好意的な反応をしてくれる応援団（フォロワー）が増え、口コミやシェアが増える」こと。

SNSだけでは
売上は上がらない

　前項では、SNSでアンバサダーを育てることをお伝えしましたが、残念ながらSNSだけでは大きな売上には直結しません。売上を上げるためには、メルマガやLINE公式アカウント（以下、LINE公式）を使う必要があります。**SNSとメルマガ・LINE公式の違いは、「リスト」があるかどうか**です。

　SNSとメルマガ・LINE公式は役割が違います。

　SNSはいわば「街の掲示板」です。たまたまそこを通りかかれば見てもらえますが、通らなかったら存在すら分かりません。

　一方、メルマガやLINE公式は「お客様のポストに直接届けられるお手紙」です。そこに登録されている方々は「あなたのweb版顧客名簿（リスト）」と言えます。

　直接届けられるリストで、相手にとって有益な情報をお伝えしたり、価値観を共有することで信頼関係を築き、ファンになってもらう。そのために、リストに登録してもらうことが重要なのです。

　たとえば、「10月にキャンペーンやります！」と告知する場合、

SNSだけではなかなか集客に繋がりませんが、あなたの価値観に共鳴してくれているリストがあると、イベント集客や商品の売上をコントロールすることができます。

たとえば、調理器具メーカーでも、メルマガ登録者や購入者にお役立ち情報やお料理のレシピ、最新情報などをメルマガでお届けする。「調理器具メーカーで価値観共有は必要ですか？」とよく聞かれるのですが、自分が買った商品がメディアに掲載されていると、「やっぱり買ってよかった」と安心感を持っていただけたり、メルマガで誰よりも先に最新情報をお伝えし、**価値観を共有することで、VIP客が育っていく**のです。

よくある失敗例は、フォロワーの多いSNSで1番に告知してしまうことです。信頼関係が十分に育っていないSNSで突然告知しても反応はほとんどありません。そこで焦ってリストのお客様に向けて同じ告知をしても、すでにばらまかれた鮮度の低い情報なので、響かないどころか、大切にされていないと思われてメルマガやLINE公式を解除される可能性もあります。そうならないためにも、告知する順番は非常に重要です。

一般的に、売上の比率はリスト：SNS＝8：2と言われているように、売上を確保し、ビジネスを安定させるためには、リストのお客様は重要です。

SNSを運用しているけど売上に繋がらないと考えている方は、ぜひリストを集め、大切なお客様へ、直接思いが届けられる仕組みを作りましょう。

POINT
ビジネスを安定させるためには、メルマガやLINE公式もSNSと併せて活用する。

SNS時代の購買プロセスは AISAS

　購買プロセスの概念として、何回も見聞きするうちに購買行動を促す記憶型マーケティング「AIDMA」が以前は一般的でした。

　まずお客様は、メディア露出やSNSで「笹木郁乃さんっているんだ」「PR塾っていう講座があるんだ」と知り（Attention 注目）、SNSをフォローします。SNSやメルマガを何度も見ているうちに興味を持ちます（Interest　興味）。そして、「何回も見ているうちにPR塾で学びたくなってきたな」（Desire　欲求）と記憶（Memory 記憶）し、最終的に申し込み（Action　行動）に至ります。

　「人は7回見聞きすると購買意欲が高まる」という7ヒッツ理論のもと、テレビCMや雑誌など、全てのメディアに広告を出すことがマーケティング活動の主流でした。

Attention　Interest　Desire　Memory　Action
注目　　　興味　　　欲求　　　記憶　　　購買

　SNSが普及した今、商品を購入したらSNSに投稿し、「これ、いいよ！」とシェアすることが一般的になりました。インフルエンサーや有名人がSNSで紹介すると爆発的にヒットするなど、予想できない売れ方をすることも珍しくありません。何かを買

う、どこかへ行く時には、Googleなどの検索エンジンではなく、ハッシュタグを利用する人も、若年層を中心に増えています。

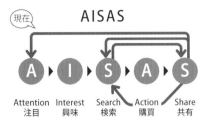

このように、「**Share（共有）」が重要な購買行動の一つとなった今、AISAS理論**が主流の購買プロセスと言われています。私も常にこの流れを意識して会社経営をしています。

AISAS理論は、A、IはAIDMAと同じですが、その後検索（Search）し、口コミやメディア掲載を確認してから購入（Action）に至ります。そして最後に、口コミをSNSで共有（Share）。その投稿を見て、また誰かが買うという循環が生まれます。

検索した時にSNSを見て、「いろんな人がいいと言っているな」「メディア掲載も多いな」と知ることができるので、**SNS投稿は認知だけではなく検索にも繋がる、大切な役割を果たします。**AISASの流れの中でSNSをどう活用していくのかは、購買に繋げる重要なポイントです。

低価格帯の商品であれば、1つのSNSだけでも購入してくれる人はいますが、高価格帯の商品やセミナーなどは、1つのSNSだけでは十分な信頼感や安心感が得られず、購入に繋がりにくいと考えてください。

POINT

今の時代の購買行動はAISAS理論に基づく。SNSは認知・検索・共有など幅広く大切な役割を担う。

SNSを運用する目的とは

　SNSの目的は「質の高い認知を広げる」ことです。

　そして、深く共鳴してもらうためには、33項でお伝えしたように、メルマガやLINE公式を使い価値観を直接届けることが重要です。

　認知を広げるというSNSの目的を理解していないと、「頑張ってSNSを運用しても売上に繋がらない」と心が折れてしまうことになります。これがSNS運用で挫折してしまう原因の1つです。

　まずは、販売までの流れ（認知→リスト化→販売）が、AISASのどの部分なのかをご説明します。

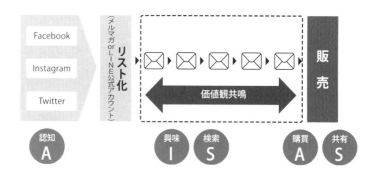

　認知（A）：SNS（Facebook、Instagram、Twitter）、もしくはメディア掲載で大勢の人に知ってもらい、リストへ誘導する。SNSを運用する目的はここにあたります。

　　　↓

　興味（I）、検索（S）：メルマガやLINE公式で、価値観や目指したい方向性を共有し、信頼関係を育む。その過程で、確認のため検索し、実績などで安心の裏付けを得る（価値観共鳴期間）。リストの目的はここです。

　　　↓

　購買（A）、共有（S）：大丈夫だと確信し購買、そして口コミをシェアする。

　SNS運用をする上で、**大前提として「SNSは認知を広げ、ファンを増やすツールだから、ここでは大きな売上は上がらない」と認識しておく**こと。そしてそれぞれの特性を理解した上で、SNS、リストを使い分けることが、売上に繋がっていきます。

POINT
　AISASの各フェーズをカバーするツールを持っているか確認してみよう。

運用開始直後は
認知向上に注力する

　SNS運用で、まず初めにやるべきことは、素敵な投稿をすることではなく、「**フォロワー数やお友達を増やすこと**」です。
　そのために実は**重要なのが、「地道なフォローやいいね、コメントといった、自分の存在を知ってもらうための行動」**です。

　企業の営業活動をイメージしてみてください。パンフレットがいくら素敵な内容でも、人と会わなければ意味がありません。企業の営業活動でも、名刺交換やお客様をご紹介していただいたりして、自分の顔を覚えてもらい、人脈を増やしていくことは、大事な活動ですよね。

　SNSも同じです。素敵な投稿をしているからフォロワーが増えるのではなく、自分から行動し、覚えてもらうことで、フォロワーを増やしていくのです。運用開始から最初の6か月は、名刺交換期間というマインドで臨むといいでしょう。
　Facebookなら友達申請、InstagramやTwitterならフォローする。こうした地道に繋がりを広げる期間が非常に大切です。

【SNSで認知を広げるための行動パターン】

SNS	行　動
Facebook	友達申請、いいね、コメント、タグ付け、メッセージ
Instagram	フォロー、いいね、コメント、メッセージ
Twitter	フォロー、いいね、コメント、リツイート、メッセージ
アメブロ	フォロー、いいね、コメント、リブログ、メッセージ

　よく、「自分から友達申請してもいいのかな」と遠慮される方がいらっしゃいますが、それではフォロワー数は伸びません。

　実は、**SNS運用ではメディアPR以上に積極的なマインドが必要**です。なぜなら、メディアPRはプレスリリースを書いて送るまではクローズドな場での活動ですが、SNSは「私、頑張っています！」とオープンな場で発信する活動だからです。

　「友達にどう思われるかな？」「いいねがつかなかったらさみしいな」と思うところをぐっと我慢して、ある程度フォロワー数を獲得できるまでは自分から声をかけるイメージで、お友達やフォロワーを増やす行動をしていきましょう。

　また、オフラインでも名刺やチラシなどにSNSのURLやQRコードを書いておく、ご自身の講座などリアルな場で、「Instagramもやっているので、質問があればDMくださいね」とお伝えしておくことも、フォロワー数増加に繋がります。

　SNSではこうした地道な行動ができる方が伸びていくのです。

POINT

　自らの投稿のみでフォロワー数を増やすのは至難の業。友達申請、いいね、リツイートなど、自分から積極的に働きかける。

037

SNSで売上を作る２つのステップ①
SNSを育てる

ビジネス提供者として
認知を拡大する

　ここから、SNSで売上を作る2ステップをご説明していきます。

　33項でSNSだけでは売上が上がらないとお伝えしましたが、**SNSには「売上を作るための滑走路のような役割」があります。**その役割を果たすための2ステップをご紹介します。

ステップ1　SNSを育てる（認知：Aの段階）

　SNSを育てるというのは、「ご自身・自社の存在をSNS上で広く知ってもらう」ということです。

　SNSで発信する場合、まずは友達やフォロワーを増やす必要がありますが、なかなか友達やフォロワー数が増えないことがあります。その1つの原因として考えられるのが、自分が「ビジネス提供者」だと思われていないということです。

　ビジネスに繋げるためには、まず**「あなたは何屋さん（何の専**

門家）」なのかを広く知ってもらう必要があります。

「この人はPRの人」「この人は料理研究家」、とSNS上で認知してもらうことで、「この人からお役立ち情報を教えてもらいたい」「料理のレシピを教えてもらいたい」とフォローに繋がっていきます。

「まだ勉強中だから……」と、プライベートの写真をアップしているだけでは、誰にも興味を持ってもらえません。

特にFacebookをお仕事に繋げていきたい人は、実績がない段階から「PRを本格的に学んでいます」「これから○○の仕事を始めます」と早めに自ら発信していかなければ、仕事の依頼は永遠にきません。

以前、PR塾生が、「未経験ですがPRの仕事をしていきたいので、プレスリリース作成の無料モニターを10名募集します！」とFacebookで投稿したところ、「無料なら……」と募集が殺到したことがありました。

SNSでビジネス提供者になりたいのであれば、自分は「何屋さん」なのかを早い段階からしっかり発信していきましょう。

「ある程度フォロワーが増えてから」というよりも、学んでいる過程でもSNS発信はできます。「PRの勉強を始めました」「こんなテキストを使っています」と自分から発信し、認知を広げていくことが重要です。

POINT
SNSで売上を作るための第1のポイントはビジネス提供者として認知されること。自分は何の専門家かを明確にして発信する。

038

SNSで売上を作る2つのステップ②
リストへ誘導する

メリットを提示することで
登録を促す

ステップ2　リストへ誘導する

　「リストへ誘導する」とは、SNSで繋がった人たちに、より興味を深めてもらうために、リストに登録してもらうことです。

　リストのツールとして最もおすすめなのは、メルマガやLINE公式です。noteの有料版もよいのですが、無料版ではブログと変わりません。どちらかと言えばSNSと同じ位置づけと言えるでしょう。

　自らチェックしなくても、確実にフォロワー、読者の手元に届くということが大切なのです。

【メルマガ・LINE公式が興味（I）のツールとしておすすめの理由】

- クローズドの場なので、特別感・優先感を出しやすく、価値観に共鳴してもらいやすい
- SNSよりも詳しく、有益な情報やお役立ち情報を提供する場なので、信頼関係を築きやすい
  - ➡あなたの商品や情報を求めている方に販売ができるWin-Winの場である

リスト登録数を増やすためには、登録する「メリット」を伝えることです。メルマガは、登録時にアドレスや名前を入力するひと手間がかかります。ここで、面倒だと思われないためにも、**手間暇をかける以上のメリットを提示する**ことが大切です。

> ## 笹木郁乃の事例
>
> 🎁認知拡大のための「0円PR術」
> ⬇ 登録で180分の動画講座プレゼント中！⬇
>
> 笹木郁乃公式メールマガジン＆無料講座
> https://pr-professional.jp/mailmagazine/
> （12000名購読中）
>
> ▶PR会社 LITA経営　100社以上支援実績
> ▷約4000名にPR・SNS指導

【登録時にお伝えすること】

- 登録すると得られるメリット・特典を設定
  （例）「登録で180分の無料動画をプレゼント」
- 登録するに値する実績の表示　⇒（例）12,000人が購読中
  数字の実績はインパクトがあるだけでなく、信頼の証となり、登録の後押しになります。

私自身、「180分のPRが学べる無料動画が見られます」という特典をつけることで、特典なしの時と比べてメルマガ登録率が約2～3倍と劇的に増えました。プレゼントだけ受け取って登録解除する人も一定数いますが、それ以上に、動画によってさらに信頼感が高まり、結果的に売上も伸びるというメリットを感じています。機会損失を防ぐためにも、そしてより自身のことを信頼してもらうためにも、動画やテキストプレゼントなどの特典を付け登録を促すことをおすすめします。

POINT

SNSのフォロワーには、価値観を共有できるリストへの登録を促すことで、注目（A）から興味（I）へ発展させることができる。

039

「ほしい」気持ちを逃さない実績活用法

検索されることを意識して発信する

　ここでは、検索されることを意識した発信の必要性についてお伝えします。

　コツコツとSNSを運用してフォロワーを増やし、リストを増やしてきたのに、**なかなか売上に繋がらない場合は、AISASのS（検索）をチェック**してみましょう。

　メルマガやLINE公式で価値観に共鳴し、興味が深まってきて、「買おうかな」という気持ちが生まれても、実際に見たり、手に取ることができない場合、やはり購入への不安感が残ります。

　その時、お客様は検索し、WebサイトやSNSの口コミ、メディア掲載、販売実績などをチェックして他社との比較や検討を始めます。

　この時のために、第2章で作成したSNS設計をもとにHPのプロフィールを改善する、メディア掲載実績を更新しておくといった対策をしておくことが重要なのです。

　また、お客様が自ら検索しなくてもいいよう、安心や信頼できる情報をあらかじめメルマガやLINE公式でお伝えしておくこと

も効果的です。

【安心情報とは】

- お客様の声（卒業生の○％が合格しました）
- 講義動画（無料で180分の動画をご覧いただけます）
- メディア掲載情報（○○テレビで紹介されました、雑誌で連載が始まります）
- 数字や固有名詞で表せる導入・販売実績（販売個数1万個突破）

　私の場合では、『週刊エコノミスト』や『経済界』などに掲載されたことをメルマガでお伝えすることで、お客様がわざわざ実績を調べなくても、安心感を持つことができます。

　また、私自身のことだけではなく、多数の掲載実績を持つPR塾の卒業生Aさんが、「PR塾で学んで4か月でメディアに掲載された経緯を、ストーリーとともにメルマガで紹介」することによって、読者にはお役立ち情報になり、第三者の声（実績）としてお伝えすることができます。

　このように、お役立ち情報だけでなく、実績もメルマガで発信することで読者の安心に繋がります。

　ポイントは、**宣伝や自慢するのではなく、お客様にとってのお役立ち情報や信頼されるための実績として発信する**ということです。

POINT

　顧客が信頼感を持つことができる実績をSNSやメルマガで発信したり、HPに掲載することで、購買のチャンスをとらえることができる。

AISASの流れを
カバーするツールを持つ

　ここまでで、SNSの全体像をご説明してきました。

　各SNSの特徴を理解することも必要ですが、SNSから売上に繋げるためにはAISASで購入までの流れを意識しておくことも重要です。

　SNSは、33項でお伝えしたように「街の掲示板」であり、直接大きな売上には繋がりません。そのため、SNSからいかにメルマガやLINE公式、HPなどの購買のツールへ繋げていくかが重要になります。

　ここで、もう一度AISASの流れを確認しておきましょう。

- 注目（A）　商品やサービスを認知する
- 興味（I）　HPやSNSの写真や文章を見て、より興味を深める
- 検索（S）　興味を持った人が検索した時に購買の後押しとなる
　　　　　　　情報を提示しておく
- 購買（A）　興味が深まった結果購買する
- シェア（S）　買ったことや口コミを投稿する

　たとえば、Facebookは注目、興味、検索、シェアという4つの役割を有しています。

　また、LINE公式はクローズドの場であるため認知を広げることはできませんが、読まれる確率が高く興味を深めることができ、興味が深まった結果購買に繋がるという、興味と購入の役割を果たします。

　このように、**各ツールの特性を理解し、注目から購入に至るまで、いずれかのツールで流れを作っておく必要があります。**

　下記の色が付いている部分が各ツールの担う役割です。

媒 体	注目 A	興味 I	検索 S	購買 A	共有 S
メディア掲載／出版					
Facebook					
Instagram ／ Twitter					
ブログ					
メルマガ／LINE 公式					
HP					
無料オンラインサロン					

　まず、ご自身が使用しているツールに○を入れてください。その後、下記の2つができているか確認してみましょう。

• **AISASの流れを全てカバーする**

• **強い「注目（A)」のツールを複数持つ**

　私の場合、次頁の●の部分が私がカバーしているツールです。

　たとえば、「初めて知ってもらう場所」である注目（A）のツールは、「メディア掲載／出版、Facebook、Instagram／Twitter」です。約9割の方に、このいずれかのツールで認知いただいています。

　より深く知ってもらうための興味（I）は、メルマガ／LINE公式、補足としてFacebook、ブログ、HP、無料オンラインサロンです。

信頼の裏付けをとなる検索（S）の対策として、メディア掲載をSNSで発信したり、HPにお客様の声を掲載し、「メルマガ・LINE公式やHP」から購買（A）に繋げるという流れです。

媒 体	注目A	興味I	検索S	購買A	共有S
メディア掲載／出版	●		●		
Facebook	●	●	●		●
Instagram ／ Twitter	●				●
ブログ		●			●
メルマガ／ LINE公式		●		●	
HP		●	●	●	
無料オンラインサロン		●			

右から右まで繋がるように設計しましょう

認知からシェアまで、左から右へ、抜けるところなくカバーされているのがお分かりいただけると思います。この流れを網羅することが、お客様を購入に導くために一番大切なことです。

私自身、このAISASの流れを折に触れてチェックし、「より信頼関係を強化するために、メルマガを週3回出そう。新規のお客様が少ないからInstagramのフォロワーを増やそう」とタスク化して取り組んでいます。

各SNSの使い方を個別で学ぶことも大切ですが、**AISASの流れを途切れさせないことも非常に重要なポイント**です。この表で、カバーできていない部分や弱いところがないように、購入までの流れを戦略的に作ってみてください。

POINT

各SNS、メディアの特性を理解して、自分のツールがAISASの流れをカバーしているか、弱い部分はないか確認する。

第4章

共感SNSで
ファンを作ろう

ファンが増えるSNSには "設計"がある

　ここからは具体的にどういう内容を投稿するかということを詳しくお伝えしていきます。

　せっかくSNSを運用するのであれば、**ファンが増えるアカウント**に育てたいですよね。まずそのために**重要なのが、「ファンが増えるSNS設計＝土台づくり」**です。フォロワー数の増えにくいアカウントは、脈絡なくいろいろなテーマの内容が投稿されているアカウントです。

　たとえば、本をイメージしてもらうと分かりやすいのですが、旅行や料理のレシピ、子どもの学習方法、仕事のアドバイスなどが一冊に書かれた本は、何を一番伝えたいのか分かりません。

フォロワー数の増えにくいアカウント例

ラーメン美味しかった　**NG**　仕事でイラッとした

子供が＊＊だ　旅行した　本読んだ

この本は、
人生のヒントにならなそうだな……

SNSでの投稿も、基本的にはこれと同じです。

まずは、あなたのテーマを決めましょう。ジャンルとして、子育てなのかビジネスなのか、はたまたファッションなのか。あなたの専門性をしっかりと打ち出せるテーマを決めましょう。

そして、**「誰に見てもらいたいのか」を明確にする**ことが重要です。その人たちがどういう世界観が好きで、普段どういう雑誌を読んでいるかまで設定するとイメージがブレません。

特にコンテンツがストックできるInstagramでは、雑誌のバックナンバーを見るように、過去の画像が一覧で表示されるため、ブレない設定が重要です。

あなたが目指す結果に繋げるためにも、下記のファンが増えるアカウントの黄金法則にそって、SNSを設計していきましょう。

黄金法則

1 メッセージの**方向性確立**

2 **3つのポイント**で投稿する

3 統一した**世界観**

POINT

SNSは、投稿のテーマとターゲットを明確にして発信する。

あなたが目指す目標を
明確にする

　「メッセージの方向性を確立する」とは、分かりやすく言うと、SNSを見て**「あなたの商品やサービスのターゲット層にどのように思われたいか」**そして、**「最終的にどんな行動をしてもらえたら嬉しいか（＝目標）」**を明確にすることです。

　ポイントは、目標を先に設定することです。
　このSNSを見たことで、「この商品を買いたい！　使いたい！」と思ってもらいたいのか、「この会社の情報はすごく勉強になるな」と思われたいのか。目指すべき目標によって方向性や投稿のトーン、内容が変わってきます。
　たとえば、「安心して使えてキレイになれる」クレンジングにこだわっている「マナラ化粧品」のアカウントは、「マナラ化粧品を使いたい！」と思ってもらうことが目標です。「こんな素晴らしい商品なんだ。使ってみたい！」「信頼できる情報で安心感があるな！」というブランドに対するファン化を目標とする投稿がメインになります。
　また、致知出版社のアカウントは「致知の情報（人間学）をもっと学びたい」と思ってもらうことが目標です。「もっと成長

「マナラ化粧品を使いたい！」が目標

できるよう頑張ろう」「生き方のヒントが学べた！」と、人生・仕事に対して真剣に生きている方の糧になる有益な情報の投稿がメインとなります。

　このように、方向性を決めて情報を発信することで、ターゲットの共感や信頼を得ることができるのです。

POINT
　SNSであなたを認知した顧客にどのような行動をとってほしいのか。まずはその目標を明確にする。

思いつくまま投稿しても
ファンは増えない

　実際にSNSに投稿する際、あなたはどのようなことに気をつけて投稿していますか？

　思いつくままに投稿していると、どうしても自分の書きやすい内容に偏ってしまいがちです。せっかく投稿するのであれば、フォロワーの興味を引き、共感や信頼感を持っていただくことができる、ビジネスに繋がっていく投稿をしたいですよね。

　そういう場合は、下記の３つのポイントに気をつけて投稿することをおすすめします。

ポイント１　実績を伝える
ポイント２　その分野のお役立ち情報を伝える
ポイント３　多面性・近況を見せる

　そして、先ほど決めた「**メッセージの方向性**」によって、**３つの投稿内容の比率を変えてみてください。**

　マナラ化粧品のアカウント目標が「マナラ化粧品を使いたい！」というメッセージの方向性なら、その分野でのお役立ち情報を伝

えながら、信頼できる実績も伝えることで購入に繋げていくことができるでしょう。

　一方、例えば私のInstagramでの目標は「共感できるなあ。いつか学ぶならこの人からがいいな」と思ってもらうことです。Instagramでは、私は共感を大事にしているので、多面性やお役立ち情報をメインに投稿しています。

【実績：お役立ち情報：多面性・近況の比率】
　マナラ化粧品Instagram……3：6：1
　笹木郁乃Instagram　　……1：6：3

　注意する点としては、どれか1つの項目だけ10割という偏った投稿をするのではなく、2：2：6でも、3：3：4でもよいので、目標によって比率をバランスよく変え、3つの項目が入っていることがポイントです。

　人柄だけではサービスの価値が分かりませんし、実績だけではすごいことは分かるけど共感できない。また、お役立ち情報だけでは、人柄が見えないため、あなたからそのサービスを買う理由が明確になりません。
　3つのポイントを漏れなく伝えることが、ファンが増えるアカウントに育てる鉄則です。

POINT
　あなたが目標とする行動を顧客が取ってくれるよう、3つのバランスを調整する。

ファンが増えるアカウントの黄金法則②-2
3つのポイントで投稿する

ポイント1
実績を伝える

　SNSの投稿でも、まずはしっかりと実績をお伝えすることが大切です。**実績を伝えるとは、活動内容やお客様の声を投稿することです。**

　たとえば、「〇〇のセミナーをして〇人満席でした」「企業向けのセミナーをしました」「〇%の方にセミナーに満足したとお答えいただきました」という投稿とともに、セミナーの全体の写真も投稿します。

　また、**お客様の声は、お客様と一緒に写っている写真を投稿することでよりリアルな体験談としての投稿になります。**顔出しできないお客様の場合は、顔を隠して写真を撮るなど工夫して、匿名でもよいので写真をお願いしてみましょう。

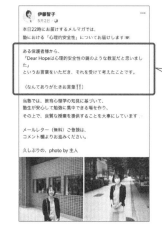

お客様が○○と言ってくれたという、お褒めの言葉

「○○に講師として出演し、ご好評頂きました」という投稿を紹介

POINT

実績がイメージできるような写真を、文章とともに投稿する。

ポイント2
お役立ち情報を伝える

　お役立ち情報を投稿する場合、お料理研究家なら時短レシピ、私ならPRで成功するコツなど、専門家としての情報をお伝えすることがポイントです。お客様にとって本当に必要な役立つ情報は、SNSで拡散してもらえる傾向があるため、新しい認知にも繋がります。その分野のプロとして「この人の情報をもっと知りたい！」と思ってもらえるような情報を発信し、上手にリスト登録に誘導できるよう心がけましょう。

【自社（自分）だからこそ伝えられる、役に立つ有益な情報】
（例）

• 調理器具メーカー➡調理器具を使った簡単お料理レシピ
• 寝具メーカー➡深く眠る睡眠のコツ
• 出版社➡成長するための成功者からの言葉
• PRを教える人➡PRやSNSの最新情報
• 料理研究家➡健康レシピや地元野菜にこだわったレシピ
• ファッションブランド➡その服の着回し術

成長するための成功者からの
言葉を投稿する場合

作りたくなるお料理レシピなど
実生活のお役立ち情報の場合

実務に役立つ情報の場合

POINT

　フォロワーが求めている情報を、あなた独自の視点を交えながら提供することで「ここでしか得られない」情報を発信する。

ポイント3
多面性・近況を見せる

　３つのポイントの中で**一番共感される、いいねがつきやすい投稿は、多面性・近況を見せること**です。

　これは企業でも個人でもそうですが、SNSでは運用している人の温度感が伝わり、その人自身の人間性が伝わるようなアカウントにファンが集まります。
　HPは、完璧な完成品として非の打ち所のないように作られているものですが、SNSでは完璧なあなたではなく、**人間味あふれる、共感できるあなたを見せた方が、むしろ注目が集まります。**

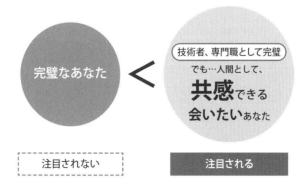

　また、そういうあなたを見せることで、お友達やフォロワーとの距離がぐっと近づき、見ている人がコメントをしてくれたり、積極的にシェアや拡散をしてくれたりすることも多くなります。

　公式 SNS でも、実績やお役立ち情報だけでなく、投稿者個人としてのプライベートな投稿などを入れることで、ますます共感度が上がります。

　これはメディア PR でも言えることですが、取材の時でも、完成形だけではなく、準備段階や失敗したエピソードも伝えることで、記者に共感していただくことができます。

　多面性・近況を伝え、周囲の気持ちを巻き込んでいくことは、SNS、メディア PR どちらにおいても効果的です。

投稿事例

POINT

　あえて人間味を出すことで、共感や注目が集まり、ファンを育てることができる。

SNSでは「過程」を見せよう

　SNSの近況報告のポイントは、結果だけを投稿するのではなく、「その結果に至るまでの過程を見せる」ことが共感を集め興味を惹きつけるポイントです。

　たとえば雑誌に掲載が決まったら、下記のように複数回投稿することで途中経過も踏まえながらお伝えしましょう。
- 1回目：掲載が決まりました！
- 2回目以降：執筆中です・執筆完了しました・取材されました
- 発売日：本日、取材いただいた雑誌が発売されました！

　このように、途中経過も踏まえながら自分の実績を伝えることで、一緒にワクワクしてもらうという経験の共有ができます。こ

近況＝SNSは過程を見せることが大切

❌ 「結果」
完成系・完璧を求める
↓
フォロワーの
冷めた反応

⭕ 「過程」
SNSで準備段階を見せる
↓
一緒に参加し、作り上げる過程を共有
共感・一体感を感じ**盛り上がる！**

れは、フォロワーに共感してもらうために非常に効果的です。

　また、イベントの開催が決まったら、見ている人も一緒に盛り上がるような投稿をすることで、ワクワク感を高めていくことができます。**担当者の個人的な発言も入れるとより親近感を感じてもらえる**でしょう。

〈投稿例〉

- 1回目：イベント決定
- 2回目：打ち合わせの様子
- 3回目：イベント会場の準備風景や裏側
- 4回目：イベント本番の様子
- 5回目：発売開始後の売れ行きや状況
- 6回目：○○ランキング１位でしたなど、実績報告

事例紹介　　致知出版『致知別冊「母」』発刊までの過程

担当者の個人的な発信が好まれる

POINT

　SNSは「過程」を発信し経験の共有をすることで、フォロワーからより多くの共感を得ることができる。

SNSごとに3つのポイントの投稿比率を設定する

　ここまで説明してきたことをふまえ、具体的にどのように投稿比率を設定していくのか、私の事例でご説明していきます。

　まずFacebookでは、「黄金法則①メッセージの方向性の確立」を「『PR塾へ行きたい！』と思ってもらいたい」と設定しています。次に「黄金法則②3つのポイントで投稿する」は、「自分自身の実績とPR塾生の成果」といった実績や、「PRのよさ、どうやったら結果が出るか」等のお役立ち情報をメインに、**実績：お役立ち情報：多面性＝5：2：3**で投稿しています。

　次はInstagramです。私のInstagramでは「黄金法則①メッセー

例	笹木郁乃　Facebookの場合	f

① メッセージの **方向性確立**	**PR塾へ行きたい！** と思ってほしい	

強化ポイント		投稿内容	
Point 1	**実績**を伝える	・自分自身の実績 ・PR塾生の成果	5 :
Point 2	その分野の**お役立ち情報**を伝える	・PRの良さ ・どうやったら結果がでるか 　認知があがるか	2 :
Point 3	**多面性・近況**を見せる	・自分自身の会社のストーリー ・PR塾の準備 ・プライベートな内容	3

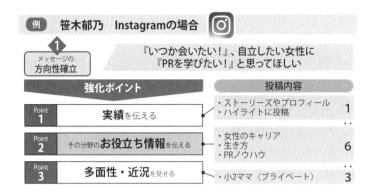

ジの方向性の確立」は、「『いつか会いたい！』と思ってほしい」
と設定しています。そして「黄金法則②3つのポイントで投稿す
る」は、お役立ち情報をメインにしていますので、「女性のキャリ
ア、生き方、PRノウハウ」等を投稿しています。投稿の割合は
実績：お役立ち情報：多面性＝1：6：3と、**SNSの特徴と目標
にそって変えています。**

　SNS投稿は、自分の出しやすい情報に偏りがちです。
　私自身、最終目標を決めずに投稿していた頃は、「実績は自慢
しているみたい」とためらいもありました。
　しかし目標を設定したことで、お役立ち情報や多面性だけでな
く、実績の投稿の大切さが理解できるようになりました。あなた
の目標を設定し、投稿内容も戦略的に決めていきましょう。

POINT
　各SNSの特徴に応じて目標を設定し、投稿の比率を変えることで、
さまざまな人に認知を拡大していくことができる。

世界観の統一が
売上に繋がる

　世界観とは、他社との差別化のために、**ひと目でその人、その会社だと分かるイメージを作る**ということです。

　世界観を統一することで、売上増に繋がります。

　その理由の1つとして「顧客をファン化できる」ことがあげられます。あなたの価値観に沿って統一された、あなたらしい世界観に、顧客は共感や憧れを抱き、その世界観に共鳴しリピートしてくれるようになります。

　また、2つ目は「新しい顧客を作る」ことができるからです。まだあなたに興味を持っていない人に、統一された世界観を見せ、その人の価値観や潜在意識に働きかけることで、顧客になるチャンスが広がります。

　たとえば、「人間学を探究して43年」の月刊誌『致知』のロゴが、ピンク色でポップな字体だとどう感じるでしょうか？　世界観はただのイメージではありません。顧客が見た時、どう感じるかという視覚的要素が組み合わさることで、あなた自身や商品の価値がより強固なものになったり、あるいは逆に失われることに繋がります。

　FacebookやTwitterは文字発信がメインなので、世界観重視というより内容重視のSNSですが、HPやInstagram などはこの世界観が響きやすいツールと言えます。ネット上だけではなく、リアルなツールである会社概要や名刺、商品パッケージなども、この世界観が重要になってきます。

　たとえば、ティファニーにはティファニーブルーと言われるほど統一したイメージがあります。ぱっと見て覚えてもらえる、思い出してもらえることも大切ですし、常に同じであるということも信頼感に繋がるのです。

致知出版社

POINT

　世界観を統一することで、1：記憶される　2：信頼や憧れ　3：新規客開拓に繋がる大きなメリットがある。

顧客に「選ばれる」
世界観を作る

　世界観を設定する際に大切なのは、**ターゲットになるお客様から「選ばれるあなた」になるための世界観である**ことです。

　そのためにポイントとなるのは、まず**軸となるキーワードを3つ決める**ということです。

　私の例でいうと、もともと私はピンク色が好きなので、初めはロゴ・資料・服もピンクを基調としていました。

初期	現在
ピンクのロゴ。服装もふわふわ。HPはなく、ブログのみ。一人の挑戦中の女性として投稿	ネイビーのロゴ。服装は洗練。講師としてクールなイメージ。HPあり。投稿も信頼・プロらしさを意識

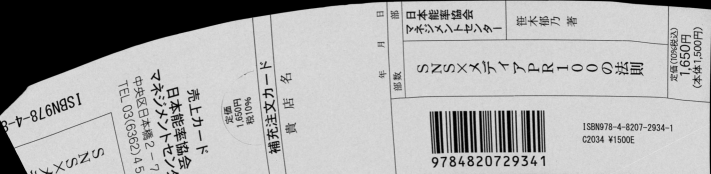

日本能率協会
マネジメントセンター

笹木郁乃 著

SNS×メディアPR100の法則

定価(10%税込)
1,650円
(本体1,500円)

ISBN978-4-8207-2934-1
C2034 ¥1500E

9784820729341

売上カード
日本能率協会
マネジメントセンター
中央区日本橋2-7
TEL 03(6362)45

補充注文カード
貴店名

定価
1,650円
税10%

ISBN978-4-8207-

　しかし、お客様に「なぜ私の講座を選んだか」を聞くと「信頼感がある」「PRでサポートしたクライアントの売上を100倍に伸ばしたという確固たる実績がある」という声がほとんどでした。

　「笹木郁乃＝信頼」というイメージなら、イメージカラーがピンクではギャップがあると考え、途中からネイビーに切り替え、服も髪型も一新。ターゲット層が、この人なら依頼したいなと思うイメージに変更して、キーワードも「革新」「本物感」「輝き」と設定しました。

　他社との違いを明確にし、「あなただからお願いしたい」と言われるビジネスをするために、ぜひ世界観を決めましょう。

　その際にはぜひ、ご自身の感覚だけで決めるのではなく、**あなたのペルソナ層が持つ「あなたのイメージ」を参考に**、自分・自社が目指していきたい姿と合致しているか確認しながら、決めていきましょう。

目指す世界観（キャラクター）			あなたの世界観を表す キーワードを3つ考えましょう　Work times		
笹木 郁乃 の場合					
世界観キーワード （起業家の方はキャラクター）	革新　本物感　輝き		世界観キーワード （起業家の方はキャラクター）	◯　◯　◯	
テーマカラー	ネイビー		テーマカラー		
ロゴ	LITA		ロゴ		
フォント	明朝体　　笹木郁乃		フォント		

POINT

　軸となる3つのキーワードを決め、顧客に選ばれる世界観を作りあげる。

フェーズごとに戦略は変わる

　前項で世界観を設定しましたが、まだ**起業されていない方や起業直後の方は、最初にしっかり世界観を作り込む必要はありません**。なぜなら、あなた自身が経験を積み、成長するにつれ、途中でターゲット層や世界観は変わってくるものだからです。

　私自身も、最初にある程度ターゲット層を設定はしましたが、最初から設定通り進むことはほぼありませんでした。成長段階でターゲット層の違いに気づいたり、自分がサービスを提供していく過程でターゲット層が明確になったりすることはよくあります。そのタイミングで初めて、世界観作りに注力されることをおすすめします。

　私自身も、初めはピンクがイメージカラーでしたが、途中からリブランディングし、ターゲット層も考えた上でネイビーに切り替えました。そこで初めて、費用をかけてロゴを作成し、HP も作り込み、会社パンフレットなども作成しました。自身のサービスが定まっていないのに、まずブランディングといって起業初期から費用をかけてしまっても、途中でほとんどの方は変更することになり二重に費用がかかってしまいます。

　つまり、図の右側の「**ある程度売上が立ってきた時期**」に到達した段階で初めて、「顧客が惚れ込む**世界観の実現に注力**」＝**お金をかけてよい時期**と考えてください。

　もちろん世界観が全くないのもよくないので、ある程度作っておく必要はありますが、ロゴやキャッチコピーを100万円かけて作る、ホームページを1,000万円かけて作る等、世界観の作りこみに注力するのはもっと後の段階です。

　図のように、**軌道に乗り出すまではしっかりとPR・集客・営業に注力**し、売上が立ってきた時期から、ブランドの確立に力を入れる。この戦略をしっかりと覚えておいてください。

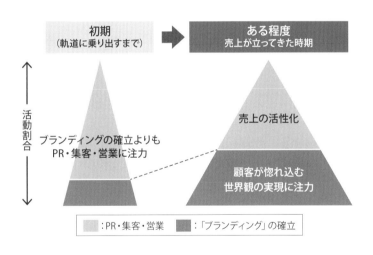

POINT

ブランドを確立する時期は慎重に見極める。

なぜ企業アカウントは
伸びづらいのか

　たった1本の動画を皮切りに、1年ほどでチャンネル登録者数が220万人になったユーチューバーや、TikTokで有名になって芸能界デビューという個人の事例をよく耳にするようになりました。

　しかし、SNSを利用して有名企業になったという事例はあまり聞くことがありません。それは、企業には「完璧でないといけないという呪縛」があるからです。

　たとえば、HPやパンフレットなど、企業から発信するあらゆるものは、隙がないよう作りこまれた完成品です。そういう発信に慣れている企業では、SNSで好まれる**「完璧なあなたではなく、人間味あふれる共感できるあなた」を見せるのに、非常に抵抗がある**のです。

　そういう企業がSNSを運用すると、「企業対人」とのコミュニケーションになり、一方通行な情報発信になりがちです。それでは、SNSの基本である、「人対人のコミュニケーションで心を動かす」という共感は得られにくくなります。

　フォロワーの心を動かすには、プロジェクトの過程を見せたり、フォロワーも巻き込むような発信をする思い切りも大切です。

　完璧にできあがってから、「こんな商品を発売します！」では、企業からの一方的なお知らせでしかありません。

　そうではなく、「○○で困っている人を助けるために○○を開発中です」「こんなところが上手くいかず、失敗作が○個もできてしまいました」など、ちょっとした失敗談や開発秘話、担当者の気持ちなどを入れることで、「企業対人」から「人対人」へのコミュニケーションに一歩進むことができます。

　すると、商品自体に興味がない人にもワクワク感を共有でき、シェアなども増えていきます。完成過程を見守ることで「買おうかな」という気持ちが生まれることもあるのです。

　企業アカウントであっても、そこに**「人間味」を出すことで、ファンを育てていくことができます**。

　企業アカウントの場合、複数の担当者で運用することもあり、人によって投稿内容等がバラバラという場合もよく見られます。

　その企業らしい、フォロワーに愛されるアカウントを目指すには、42項でお伝えしたように、**「メッセージの方向性」を設定し、担当者間で共有すること**が重要です。その方向性に沿って、「実績」「お役立ち情報」「多面性」の3つの軸でバランスよく運用していくことで、統一された世界観を保つことができます。

POINT

　企業のSNSアカウントは、「完璧なブランドイメージ」ではなく、「人対人のコミュニケーション」を重視することが大切。

フォロワーの反応に
とらわれない

　SNSでは、共感を持ってもらうことが大事だとお伝えしてきましたが、残念ながら**共感だけではビジネスに繋がりません**。ビジネスに繋げるためには、2つのポイントがあります。

- 目立つ投稿をする覚悟を持つ
- いいねの数に惑わされすぎない

　一つ目のポイントは、「目立つ投稿をする覚悟」が必要ということです。

　そもそもSNSは、存在を知ってもらう入り口、AISASでいう注目（A）のツールなので、同業他社との違いがはっきり分かり、目立たないと認知されずに終わってしまいます。

　「実績ばかり出すと、自慢話みたいになりそう」と思われるかもしれません。確かに「嫌味だ」と思う人は多少は出てくると思います。しかし、それをはるかに上回る新規顧客を獲得できます。

　たとえば実績をアピールすることで、今は100人の顧客が10倍

に増えるが、数人には嫌われるかもしれない。あなたが経営者なら、どういう判断をするでしょうか？　数人に嫌われないために、多くの新規顧客を手放しますか？

　ここは、しっかりと実績をアピールし、目立つ覚悟を持つことが、SNS PRで成功するポイントです。

　そしてもう一つのポイントは、いいねの数に惑わされすぎないことです。

　私の場合で言えば、子どものことや旦那さんとのけんか等、プライベートな投稿に多くのいいねがつきます。

　確かに、投稿した記事にいいねがたくさんつくと嬉しいものです。でもそれは、単なる「承認欲求」が満たされるだけ。実は、周りの反応を意識しやすい人ほど、いいねがつきやすい多面性投稿に偏ってしまいがちです。いくらいいねがほしいからといって、プライベートな投稿に偏っていては、ビジネスには繋がっていきません。

　SNSにおいて、共感は非常に重要で大切なポイントです。しかし共感だけでは、ビジネスに繋がらない。そこはしっかり認識し、あなたの目的のために3つのポイントで投稿することを意識し、ブレずに投稿していきたいですね。

POINT
　フォロワーの反応にとらわれすぎるとあなたの目標は達成できない。

3つのポイント
タイプ別分析

　最後に、ご自身のSNS投稿のタイプをチェックしてみましょう。ファンが増える黄金法則2の「3つのポイント」のうち、あなたはどの項目の投稿が多いですか？　投稿の「傾向と対策」をチェックしてみましょう。

【タイプ別分析】

◆**実績が多い方**は、ファンは多くないけど、価値を感じてもらいやすく、「この人にお金を払っても安心」と**ビジネスに繋がりやすいタイプ**です。

◆**お役立ち情報が多い方**は、フォロワーも多く、ファンが多いのが特徴です。一方で、有益な情報を得て終わり、**あなたのところで商品を買うかは別問題**となってしまうことも。

◆**多面性・近況が多い方**は、会ってみたいと思ってもらえるケースが多いですが、一度会ったら満足、お友達になって終わりで**あなたから商品を買いたいと思われづらいタイプ**です。

【傾向と対策】

　3つのポイントにはそれぞれ特性があり、意味があります。次

の表でそれぞれのメリット・デメリットを確認し、自分のアカウントはどのような比率で投稿すればファンが増えるのか考えてみましょう。

	メリット	デメリット	対策
実績	・信頼感、安心感を与えられる ・ビジネスに繋がりやすい	・フォローされにくい ・ファンがつきにくい ・怖そうと思われがち ・共感されにくい ・認知が広がりにくい	・多面性や実績を追加することで、ファンになってもらい共感を広げましょう
お役立ち情報	・いいねがつきやすい ・フォローされやすい ・ファンが多い	・学んで終わりになりやすい ・あなたのところで買うかは別問題 ・共感されにくい	・実績を伝えることで、信頼感を持ってもらい、多面性も伝えあなた自身のファンを増やしましょう
多面性	・人柄が伝わりやすい ・共感が生まれやすい ・いいねがつきやすい	・単なるお友達で終わってしまい、ビジネスに繋がりにくい	・実績も追加することで安心感をプラスしましょう

POINT

　自分の SNS の傾向と強みを知り、さらに強化するための対策を知っておこう。

ビジネスに絡めて多面性を発信し、ファンを増やす

【フォトグラファー　鬼頭望さん】

2016年にフリーのカメラマンとして活動開始以来、紹介や口コミで評判が広がり、著名な作家の講演会や大手企業案件、個人起業家向けのプロフィール撮影ではリピート率3割超の実績を誇る鬼頭望さん。

自身のSNSでの発信も反響を呼び、フォトグラファーとしてだけでなく、インフルエンサーとしても活躍されています。

鬼頭さんの成功ポイントとしては、「ご自身の**多面性や人柄を実績とともに上手に発信**した」ところです。

【POINT】

鬼頭さんは、ご自分の多面性を投稿する際、仕事と全く関係ないことではなく、「写真家としての素直な気持ち」を発信されています。

鬼頭さん自身の「写真を撮られるのが苦手だから、同じ人に寄り添いたい」という気持ちを、撮影した写真に絡めつつ発信することで、たくさんの方の共感を集め、多くのフォトグラファーの中でも「鬼頭さんに撮ってもらいたい」というファンを増やしています。

また、**撮影した人をタグづけして「素敵な人ですよ」と紹介する投稿スタイル**で、さらにシェアされ認知度が高まっていきました。

鬼頭さんは、自分から友達申請するのはもちろん、自分の投稿が上位表示されるよういいねやコメントで積極的に交流をはかっておられます。

お仕事でご一緒した際には、感想とともにお互いをタグづけすることで、お互

いのフォロワーにお知らせするなど認知度を飛躍させる工夫をしています。

Facebookは最初の5行しか表示されないので、続きを読んでもらえる投稿かどうか推敲するのも重要です。リンクを貼っても、よほどの情報か、かなりのファンでないとクリックしてもらえませんので、投稿自体で内容が伝わる書き方を心がけてください。

POINT

人をタグづけして紹介することで、結果的にシェアされ拡散されていく。

ユーザーの求める情報を
発信し続ける

【MATE（わたしの節約）】

　今すぐ・簡単に実践できる「節約術」「裏技」「暮らしの情報」を毎日発信するメディア・MATEはInstagramで75万人にフォローされています（2021年5月現在、MATE_mama等姉妹サイト含むMATE全体では87万フォロワー）。

成功パターン

例 **MATE**

（今すぐ・簡単に実践できる「節約術」「裏技」「暮らしの情報」を毎日発信）

投稿スタイル

＊有益な情報
＊フレンドリーな投稿
＊コツコツ

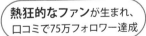

**熱狂的なファンが生まれ、
口コミで75万フォロワー達成**

　なぜこんなにフォロワー数が多いかというと、「インスタ映え」ではなく、すぐ使える節約術や暮らしのためになる有益な情報を毎日コツコツと発信しているからです。

　ターゲット層に対して有益な情報を一貫して発信することで、熱狂的なファンが生まれ、口コミで75万フォロワーを達成されたと考えられます。最近はInstagramでも、美しい写真やイメージ写真の投稿より、**フォロワーのためになる情報を発信するパターンが非常に増えています**。特に企業アカウントは、戦略的に情報勝負をされています。

　SNSでは、あなたが思うことが正解ではなく、**見る人が求めることを発信するのが正解**です。日々の発信で反応がいい投稿があれば、そうしたお役立ち情報を増やしていくことが重要です。

　SNSは双方向のコミュニケーションが大切です。ぜひフォロワーの方の反応もチェックしながら、あなたらしい投稿スタイルを確立していきましょう。

POINT
　ターゲット層が求めている情報を戦略的に発信する。

SNSを1つ運用するなら Facebook

　もしもあなたがビジネスとしてSNSを1つ運用するとしたら、Facebookに注力することをおすすめします。

　私自身、各種SNS PRを実践してきた中で、Facebookは、起業家・経営者・ビジネスマンに対する訴求力が最も高いSNSであると感じています。その理由として、

①登録者が多い割には、プライベート活用メインが多い

　➡つまり、Facebookはレッドオーシャンのような激しいアピール戦がなく、実名制であるが故に投稿も信頼感があります。ビジネス投稿を意識的に行い、多くのビジネスパーソンと繋がることで、ブルーオーシャンのコミュニティーとして活用できます。

②経営者、ビジネスマンの人脈づくりや情報の収集・発信の場

　➡新しい人脈作りや、自身の考え方の発信、新しい情報収集の場と考える人が多く、向上心があり勉強熱心なユーザーが多いSNSです。その方達に対し、友達申請し承認してもらうことで、確実に自身が発信したビジネス投稿が届けられます。フォローされるのを待つ他のSNSより、主体的なアプローチができること

で、一層結果に繋がりやすいSNSと言えます。

　私自身も、起業当初は「FacebookはPR塾の認知のきっかけにしたい」と考え、個人の方を意識して投稿していました。

　しかし、私の会社で行っている企業向けのPR代行事業では、開業当時から営業ゼロ、広告ゼロにもかかわらず、クライアントの中には、売上100億円規模の企業や知名度の高い企業もいらっしゃいます。実は、そうした企業からの問い合わせのきっかけとして最も多いのが、「Facebookやメルマガで笹木郁乃のことを知って」なのです。個人のFacebookでの発信で、信頼感・安心感を共有できるSNSに育てることが、BtoBビジネスにも大きな影響をもたらしていることを、私自身実感しています。

　また、PR塾生のケースでもFacebookをメインで運用することで早い段階から結果が出ています。（巻末事例をご覧下さい）

◆Facebook活用が効果的と言われる職種、仕事

- 中小企業の社長　　　　　● 個人事業主
- BtoB関係の仕事をされている方
- 不動産、講座、高額商品など、比較的年収が高い層に対してビジネスをされている方

POINT
　主力SNSで迷うなら、ビジネスに訴求効果の高いFacebookが断然おすすめ。

第 5 章

各SNSの活用法

実績投稿と友達申請が重要

　ここからは各SNSのつまずきやすいポイントやワンポイントレッスンをご説明していきます。

　FacebookはSNSの中でも実名登録のため炎上リスクが低く、非常にマナーがあり、真剣に読んでもらいやすいSNSです。特徴として、

* 1日1投稿でも認知拡大に繋がる可能性あり
* 知り合いの知り合いにまで深く情報を届けられる
* 拡散性は高くないが信頼性は高い

　という点があげられます。採用やB to Bビジネス、スキルアップ、自己啓発、仕事獲得など、無形のサービスやノウハウ、お役立ち情報で仕事に繋げたい方は、Facebookが断然おすすめです。

　SNS設計で、SNSはプロフィールも重要とお伝えしましたが、Facebookのプロフィール欄は約100文字です。上記のような特徴を鑑みると、**信頼感を伝えた方がビジネスに繋がりやすくなります**ので、「実績」をしっかり記載することがポイントです。

【Facebookのつまずきやすいポイント】
①知り合いに見られるのが恥ずかしい

　実名登録で安心であるがゆえに、知人に見られるのが恥ずかしいという人が最も多いのがFacebookです。

　しかし、ビジネスに活用していく場合、SNS発信で存在を知っていただき、共感・信頼されないと何も始まりません。

　それでも抵抗がある方は、実名登録ではないSNSで代用するか、これから勢いよく伸ばしたい人は、思い切って地元の友人や前職の関係者などと繋がっていない新しいアカウントに切り替えるのもいいでしょう。実際、私も起業時に新しいアカウントで0からスタートしたことで、「PRプロデューサー笹木郁乃」として気持ちを切り替え、堂々と発信ができました。

②いいねが全くつかない、広がらない

　まずは**自分から積極的に友達申請**しましょう。いくらいい投稿をしても、友達が少なければ、いいねも増えません。効果的な友達申請のしかたは59項、60項を参考にしてください。

　ユーザーは面倒なアクションはしたくないので「アメブロ、note更新しました」という外部リンクのみのシェアはNGです。Facebookの中でコミュニケーションを取るためにも、写真と文字でしっかり投稿しましょう。

　また、外部リンクばかり投稿するとFacebookの仕様上、上位表示されにくくなるとも言われていますので、注意が必要です。

POINT
　自ら積極的に友達申請する、実績を発信するなど、SNS上で目立つ覚悟を持つ。

ビジネスを発展させる
友達の増やし方

【Facebook ワンポイントレッスン】

　SNSでは、フォロワーやいいねが多いほど説得力があり「人気」に見られる傾向があります。ここでは、Facebookで友達といいねの数を戦略的に増やすコツを3つご紹介します。

①自分から積極的に友達申請する

　SNS運用で最初にすべきことは「友達申請」です。特に**最初の1か月は友達を増やす作業が7割、投稿が3割**というイメージで、自分から行動して友達を増やしていきます。

　メルマガ登録者を1,000人増やすのは難しいことですが、Facebookは友達申請が承認されればすぐに友達を1,000人増やせます。

②ビジネスのターゲット層と重なる友達を探す

　それでは、どのような人に友達申請をすればいいのでしょうか。

　友達申請は、適当にしても意味がありません。自分の**ビジネスに繋がるターゲット層で、アクティブにFacebookを利用している人に友達申請をする**必要があります。

　まず、自分と同じ系統のビジネスをしている人で、常にいいねが100以上つく人を探しましょう。

　あなたが料理教室の先生なら、同じように料理教室を運営しているAさんをターゲットに選びます。Aさんのお友達にはお料理好きな方が多く、あなたのお客様層とも嗜好が近いと考えられます。そうした方たちに友達申請をすることで、自分のビジネスに興味のある人たちと繋がることができます。

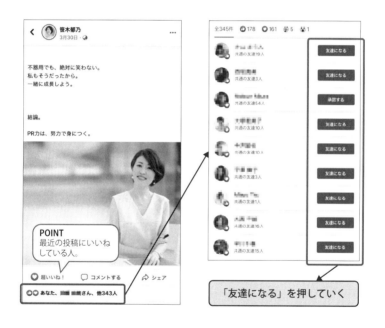

POINT
最近の投稿にいいね
している人。

「友達になる」を押していく

　最初の1か月は友達を増やす作業が7割、投稿が3割。

いいねが増える、
友達の選び方

③ Facebookをアクティブに利用している人の見分け方

　友達申請でよくある失敗例として「Aさんの友達リストに上から順番に友達申請する」ことがあげられます。これがなぜNGかというと、リストからだけではアクティブに利用しているかどうか分からないからです。**アクティブに使っている人でなければ、友達の数は増えても、いいねを増やすことはできません。**

　アクティブに使っている友達を増やすには、Aさんの**最近の投稿に対していいねをしている**方に対して1日50人程度友達申請をしていくとよいでしょう。1日数百人に申請すると、悪用していると思われ、利用停止になる場合がありますので注意してください。

　より効果的に友達申請したい場合は、さらに次の表を参考にしてみてください。

　よく、申請する方の情報をしっかり見てから友達申請をする方がいらっしゃいますが、これは時間ばかりかかってしまうので、継続が難しくなってしまいがちです。一旦Aさんを選んだら、②、③を基準に申請していきましょう。

【友達申請○×チェック】

ランダムに申請	×	同じ地域の人	○
ターゲット層に 重なるユーザー	○	共通の友達が 200人以上	×

　その際、1つだけ注意していただきたいのは、共通の友達が数百人といる方には友達申請しないということです。なぜかというと、共通の友達が多い人は、何千人もの友達がいるケースが多く、あなたの投稿が目にとまる可能性が非常に低いからです。

　また、「突然友達申請したらどう思うかな」と心配されるかもしれませんが、友達申請にはデメリットはありません。知らなければ承認されないだけですし、人によっては「申請ありがとう」と承認してくださる人もいらっしゃいます。

　Facebookのビジネス利用で成功されている方は、最初の1カ月、これでしっかりと友達リストを増やす作業をしている方です。

　メディアPRなどでリアルに名刺交換をするのはとても大変ですが、それに比べたら非常に早く認知を拡大することができます。リアルで会いづらい今の時代には特におすすめの方法です。

POINT

　単に「友達」を増やすのではなく、Facebookをアクティブに利用している人を見分けて、友達申請しましょう。

ハッシュタグで
コアなファンと繋がれる

　Instagram活用のためには、最大の特徴でありメリットでもある、ハッシュタグの活用が重要です。最近では「これから体験するコト・モノを知るため」に、検索サイトではなく、Instagramのハッシュタグ検索を活用しているという調査結果も出ています。

　特に、「この商品についてもっと知りたい！」というユーザーを公式サイトに繋げられるため、体験するコト・モノを発信できる観光業やファッション、小売業の方などは、Instagramが断然おすすめです。

　自分の趣味や価値観を軸に、自ら情報を求めてくる人が多い能動的なSNSであるため、一度購入に繋がるとリピートされやすいことも特徴と言えるでしょう。

　また、Instagramには、若年層（18〜29歳）の女性約7割が使用しているという特徴があります。この世代は、CMや雑誌よりも、自分がフォローしているインフルエンサーに強く影響される傾向があると言われており、この世代に共感を持ってもらえると認知を拡大させやすいと言われています。

　Facebookのように、自分から友達申請するのに抵抗がある方

は、コアなファンが作りやすく売上に繋がりやすいInstagramを
使うといいでしょう。

【Instagramのつまずきやすいポイント】

①インスタ映えを意識しすぎて投稿が迷子になってしまう

今はインスタ映えよりも、**その写真で「誰に何のテーマを届け
るか」**が重視されています。同じジャンルの人が、どんな投稿を
しているのかリストアップして研究してみましょう。

②高価格帯のビジネスには繋がりにくい

若年層の女性がメインユーザーであるため、高価格帯のビジネスには繋がりにくいという点が指摘されています。

低額商品を販売するか、またはInstagramで販売するのではなく、メルマガやLINE公式等のリストに誘導し、価値観をじっくり共有した後にセールスすることが重要です。

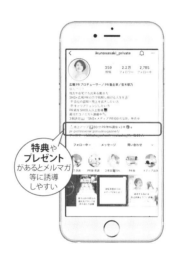

特典やプレゼントがあるとメルマガ等に誘導しやすい

POINT

インスタ映えはもう古い。「誰に何のテーマを届けるか」という、
フォロワーへのお役立ちを重視しよう。

ハッシュタグを使いこなす

【Instagramワンポイントレッスン】

①検索を意識したアカウント名に

Instagramでは、**検索を意識したアカウント名にすること**が重要です。「あなたが繋がりたい人がどのようなキーワードで検索するか」を意識し決定しましょう。会社やお店の名前だけではなかなか検索されませんので、「仕事」「起業」「子育て」「場所」「広報（職種）」等、ターゲット層が検索しやすい言葉を登録することで、検索結果に表示されやすくなります。

②タグを使い分ける

Instagramの最大のポイントは、「ハッシュタグ」です。Instagramはシェアやリツイートの機能がなく、他のSNSと比べ拡散力が弱いため、ハッシュタグを活用し閲覧数を増やす必要があります。

適切なハッシュタグを使うことは、そのワードに興味がある人

を集め、ブランドの認知向上やフォロワーを獲得することに繋がりますので、どのようにタグを選ぶかが非常に重要です。

ハッシュタグには大きく分けて3つの種類があります。

- **ビッグタグ**（投稿数100万以上）…「#SNS」等、投稿数が極めて多く、上位表示の可能性は低く投稿が埋もれてしまいがち。
- **ミドルタグ**（投稿数1万〜100万）…「#SNSマーケティング」（投稿数6.5万件）など、「こんな人と繋がりたい」という明確な目的意識があるタグ。検索する人もある程度多く、上位表示されやすくおすすめ。
- **スモールタグ**（投稿数1万件以下）…「#SNS運用」など、トップに表示されやすいが、そもそも検索数が極めて少ない。フォロワーが少ない時はおすすめ。

こうした傾向から、おすすめのタグの選び方、配分は以下の通りになります。タグは30個まで、なるべくジャンルを絞って多めにつけましょう。

タグ名	おすすめ個数	ポイント
ビッグタグ	10個	埋もれがちでも検索されやすいため、恐れずつける
ミドルタグ	15個	テーマや目的がはっきり絞られるミドルタグは多めに
スモールタグ	5個	投稿数が少なめなので人気投稿に上がりやすい

POINT

バランスよくハッシュタグをつけることでターゲットにリーチする可能性が高まる。

ユニークな発信と
マメな更新で存在感を出す

　Twitterの特徴は、日本国内のユーザー数がLINEに次いで2位だということです。しかし、このLINEのユーザー数はクローズド利用なので、拡散系SNSとしては実質No.1と言えます。

　SNSの中で最も高い拡散性と情報の速報性があるため、その特性から**一気に認知度が上がる可能性が高い一方、匿名なので炎上する可能性も高い**SNSと言われています。

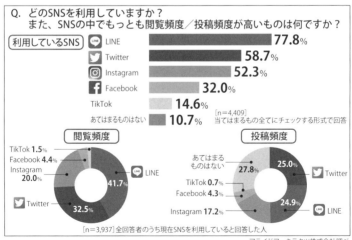

Q. どのSNSを利用していますか？
また、SNSの中でもっとも閲覧頻度／投稿頻度が高いものは何ですか？

利用しているSNS

- LINE　**77.8**%
- Twitter　**58.7**%
- Instagram　**52.3**%
- Facebook　**32.0**%
- TikTok　**14.6**%
- あてはまるものはない　**10.7**%

[n=4,409]
当てはまるもの全てにチェックする形式で回答

閲覧頻度

- TikTok **1.5**%
- Facebook **4.4**%
- Instagram **20.0**%
- LINE **41.7**%
- Twitter **32.5**%

投稿頻度

- あてはまるものはない **27.8**%
- TikTok **0.7**%
- Facebook **4.3**%
- Instagram **17.2**%
- Twitter **25.0**%
- LINE **24.9**%

[n=3,937]全回答者のうち現在SNSを利用していると回答した人

アライドアーキテクツ株式会社調べ

【Twitterのつまずきやすいポイント】

①炎上や否定的なコメントがつきやすい

　Twitterは無難な投稿だけではフォロワーが増えにくいので、ユニーク・エッジの効いた発言で印象に残すことがポイントになりますが、匿名ゆえに攻撃性があり、炎上するリスクも高いSNSです。企業もそのリスクを恐れて参入を躊躇する場合も多く見られます。極端に偏った政治的な内容や否定的な投稿をしない限りはほぼ問題ありませんが、否定的なコメントがつくこともあると認識して運用する必要があります。

②投稿がすぐに埋もれてしまう

　Twitterは速報性が高いSNSであるため、頻繁に投稿する、リツイートするなど、マメな更新が必要です。**Twitterを強化したいなら、特に1000フォロワーを超えるまでは、「1日10回以上投稿する」ことを目標に運用**していきましょう。

　また、投稿やいいねだけではなく、コメントやリツイートすることでもタイムラインに表示されるので、新規ユーザーの目に触れる可能性がアップします。

POINT

　Twitterはリスクを理解して運用する必要があるSNS。1日10投稿以上を目標にしよう。

フォロワー数1000人が
分岐点になる

【Twitterワンポイントレッスン】
①初めは有益な情報：自分の考え＝7：3で投稿する

　Twitterは、フォロワー数が1,000人を超えるまでがポイントです。初めは認知度が低いため、自分の内面や近況報告・多面性を発信しても反応は少なめです。

　専門家としての立場で有益な情報を提供するからこそ、価値があると思ってフォローしてもらえるので、まずはTwitter内での認知度を高めることが大切です。

　初めは「有益な情報：自分の考え、感じたこと＝7：3」の法則に沿って投稿し、**フォロワー数が1,000人を超えたら徐々に投稿内容の割合を変えていく**ことをおすすめします。

②影響力のある人にどれだけ働きかけられるか

　Twitterは他のSNS以上にコミュニケーションが重要です。時には、影響力のある人に自分からコメントしたりリツイートするなど、働きかけていくことも大切です。そうすることで、**影響力のあるユーザーのフォロワーに認知され、自分もフォローされる可能性**が高まります。

　また、他のSNS同様、Twitterでも自分からいいねやフォロー、リツイートしていくことが非常に重要です。特に、投稿数の多いTwitterでは、自分の投稿はすぐに埋もれてしまうと考え、他のSNS以上に頻繁に更新していきましょう。

③カバー画像で世界観を表現する

　Twitterは文字のSNSですが、世界観を表せる場として、カバー画像が設定できます。

　カバー画像を変更するだけでフォロワー数が増えたという事例もあるため、ご自身の世界観が表現できる画像を表示しましょう。

　また、Twitterのプロフィールにも、PR設計で作成した実績を表示しましょう。

　これは全てのSNSで言えることですが、フォロワーは自動で増えていくものではありません。このSNS時代に、自分自身の投稿だけで見つけてもらうのは至難の業です。こうした地道な作業をSNS内での営業活動と捉え、特に初期は両立していきましょう。

POINT

　価値ある情報の提供者としての発信と、コミュニケーション力でフォロワー数を増やそう。

メルマガは
「たった一人」に向けて書く

　メルマガ登録者は、自らアドレスを登録してでも、あなたが発信する情報を読んでみたいと思っている、あなたに興味がある方です。メルマガは、そうした有力なファンや見込み客に向けて有益な情報、価値観を共有できる、非常に重要なツールです。

　私自身もメルマガ読者を最も重要な顧客と位置づけ、大切な情報などは一番にお伝えするように心掛けています。

【メルマガの可能性】

登録した方へ確実に情報を届けることができる ▼ ビジネスの安定	仕様変更などがないため、振り回されることが少ない	その分野のマニアックな情報も好まれる

【メルマガのつまずきやすいポイント】
①そもそも登録してもらえない、読んでくれる人がいない

　メルマガをスタートするにはタイミングがあります。それは、SNSである程度フォロワーとコミュニケーションがとれるようになってきて、「**メルマガ始めます！**」と告知したら100人程度

に登録してもらえそうだとイメージできた時です。読者が100人いると、ビジネスチャンスにも繋がり、書き続けるモチベーションも保てます。いきなりメルマガから始めるのではなく、**SNS→メルマガという順番が大切**です。

②反応がダイレクトに分からないため、続けにくい

メルマガは、SNSと違って読者の反応が分かりません。そのため、書き続けることがつらい時もあります。その際は、あなたのターゲット層の「たった一人の登録者」の顔を思い浮かべながら、その人へラブレターを書くイメージで書いてみましょう。**「たった一人」に有益な情報を届ける、共感してもらうという軸で運用する**ことがポイントです。

③すぐにセールスして解除されてしまう

メルマガでは、セールスをした途端に登録解除が増えることがよくあります。読者はセールスではなく有益な情報を求めているので、有益な情報：セールス＝8：2程度がおすすめです。

しかし、私を含め多くの方のパターンを見ると、そもそもメルマガ登録者の3分の1くらいは解除されてしまうものです。解除する人はあなたの未来のお客様ではないので、解除されることを恐れる必要はありません。

登録解除ばかりを気にしていると、ビジネスに繋がりません。バランス意識しつつ、メルマガを送り続けていきましょう。

POINT

メルマガは日記ではなく、ラブレター。相手のことを考えて、相手のためになることを、親しみやすい文体で書く。

LINE公式の
メリット・デメリット

　LINE公式とは、コミュニケーションアプリLINE上で企業や店舗がアカウントを作り、ユーザーへダイレクトに情報を届けられるサービスです。

　日本におけるLINEのユーザー数はSNSの中でダントツのトップであり、コミュニケーションツールとしてスタンダードになっているため、利用者はほぼ毎日LINEに触れていると言っても過言ではないでしょう。

　そのため、LINE公式に送るメッセージはメルマガと比べて**開封率が高く、反応が素速い**のがポイントです。

　私の場合、LINE公式登録者数は2,700人、メルマガ登録者は累計12,000人です。登録者数はメルマガのほうが4.4倍と圧倒的に多いのですが、無料体験会の

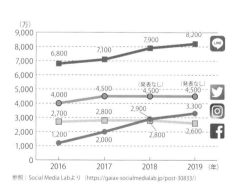

参照：Social Media Labより（https://gaiax-socialmedialab.jp/post-30833/）

案内などに対する反応は、LINE公式からは40〜50人（反応率1.8%）、メルマガからは150人程度（反応率1.2%）と、LINE公式のほうが反応率が高いのです。この傾向は私だけではなく、多くの企業やPR塾受講生の傾向を見ていてもほぼ同じです。

　LINE公式の特性を理解した上で活用してみてください。

【LINE公式のつまずきやすいポイント】

メリット	デメリット
• QRコードを読み込むだけでワンタッチで登録可能なため登録へのハードルが低い • 既読率が高い • 絵文字が豊富で親近感を持ってもらいやすい • 個別トークなどで距離を縮めやすい	• 一度に1500文字までしか送れない • 配信数に応じてコストがかかる • ブロックされやすい • LINE独自の仕様変更に左右されやすい（料金など）

①解除されやすい

　LINE公式は気軽に登録してもらえる反面、セールスをすると簡単にブロックされてしまい、メルマガよりも繋がりが希薄になりがちです。そのため、LINE公式ではお役立ち情報などの有益な情報を提供しつつ、無料体験や1万円以下の商品などの告知をするのがおすすめです。

②メリットを感じてもらえないと登録してもらえない

　拡散系のSNSではないため、登録者数を増やす行動が必要です。登録してくれたら、「次回10%オフ」「動画プレゼント」などメリットを提示し、登録者を増やす工夫をしましょう。

POINT

　メリット、デメリットに応じてSNSを使い分けると、より効果的にビジネスを発展させることができる。

新しい顧客に出会える 可能性を秘めたツール

2021年の初めに彗星のように現れた音声SNS・Clubhouse。

ラジオのようにただ聴くだけでなく、手を上げることで会話に参加することもできる、音声版Twitterとも言われています。

日本において、数週間で50万人のユーザーを取り込んだClubhouseですが、この急浮上の背景には、二つの追い風が重なったと考えられます。

まず1つ目が、綿密に作り込むSNSに、発信者側も視聴者側も疲れてきたということ。

YouTubeでは情報を厳選して編集された有料級コンテンツが、Twitterではエッジの効いた洗練された言葉が重視されます。

一方Clubhouseは、その真逆ともいうべきSNSです。偶然の出会い、その場限りの雑談という、**従来のSNSではなかった臨場感とリアルさが味わえる**ことが魅力です。

2つ目はコロナ禍の影響で

TODAY 21:15　Edit
出版、著者デビュー、TV出演、PR、天才発掘のプロが　その業界についてざっくばらんに語る部屋

w/ 笹木郁乃 PRプロデューサー＆タカトモ ―『人生がときめく片づけの魔法』で
日米でミリオンセラーを達成した日本人唯一の編集者の元サンマーク 出版編集長の高橋朋宏（タカトモ）さんと

「0円PR」著者であり、PR専門家として多くのメディア出演をしている笹木郁乃で、
「出版、著者デビュー、TV出演、PR、天才発掘のプロ、のスゴイ人が　その業界についてざっくばらんに語る部屋」

という感じで、楽しくお話ししたいと思います＾＾

す。自粛により、偶然の出会い、雑談を楽しむ場がなくなった人たちが、その場をClubhouseに求めたのです。今の時代だからこそヒットしたツールかもしれません。

Clubhouseには下記のような特徴があります（2021年5月現在）。
- 完全招待制
- 招待には電話番号が必要、実名登録制
- アーカイブや録音機能はなく、「メモ・録音禁止」
- コメントやいいね機能はなし

私自身も分析中ではありますが、**Clubhouseは認知（A）ツールでもありながら、より自分を知ってもらう興味（I）のツールにもなる**と感じています。

私もClubhouseを始めてから、Instagramの新規のフォロワー数が以前と比べ5〜6倍になりました。Clubhouseで認知し、より深く知りたいという方がさらにTwitterやInstagramをフォローするという流れができつつあります。

また、Facebook同様に実名登録のため、ビジネス目的の利用も多く、Clubhouse内で出会った企業から依頼を受注したPR塾生もいます。

今後Clubhouseが日本国内でどういう動きをしていくか、冷静に分析していく必要はあると思いますが、SNSで伸び悩んでいる方は、試してみてもよいかと思います。

POINT
認知拡大や新たなビジネスチャンスに繋がる可能性を秘めたツール。
AISASでの位置づけも鑑み、自分にあった活用法を探る必要がある。

人気は自分で作る

　ここまで、代表的なSNSのご説明をしてきました。

　注意していただきたい点としては、**全てのSNSを今すぐに始める必要はない**ということです。まずは、一つをしっかりと運用し、慣れてきてから一つずつ増やしていくことがおすすめです。いきなり同時に運用して、更新できないまま放置してしまうと、検索された時に実態がないと思われてしまいます。

　最近は、SNS間での連携もできるようになり、Instagramと同じ投稿をFacebookで見かけることもあります。もちろん、忙し過ぎて3か月間何も投稿できないくらいなら、連携でも更新される方がいいのですが、InstagramとFacebookの特徴は違うので、フォロワーが冷めてしまう可能性があります。

　SNSを伸ばせるか否かはその人の熱量次第です。PRもSNSも、人の心を動かす仕事です。ファンを作り、価値観を共有したいと真剣に考えているならば、同じような内容でもSNSにあわせて文章を変えたり、少なくとも写真を変えるなど、工夫する手間を惜しまないでいただきたいと思います。

　どのSNSも同じなのですが、**SNS運用の肝は、「コツコツやり**

続けること」だと思っています。

　私自身、独立しFacebookを始めて3か月目くらいまでは、友達申請をしつつ、私に対してコメントをいただいた方などに個別にメッセージをしていました。

　ちょうどPRのコンサルを始めていた時期だったのですが、サービスを売り込んだりせず、コメントのお礼や友達になった方のFacebookを見た感想などを送り、信頼関係を築いていく時期と割り切って地道に行動していました。そうすると、売り込まないので相手も私のFacebookを見てコメントをくださったり、コンサルに申し込んでくださる人が徐々に出てきたのです。

　「それまでの実績があったから、すぐに人気になったんでしょ？」と思われるかもしれませんが、そんなことはありません。「笹木郁乃」という個人としては、無名からのスタートでした。

　最初は、コンサルを募集しても全く申し込みが入らず、友人に自分から提案したこともありました。

　そうすることで、「お客様の声」という貴重な実績を作り、それを武器にSNSで発信。その繰り返しで、個人のPRプロデューサー笹木郁乃としても、信頼と人気を作っていきました。

　よく、「投稿しても反応がない。人気がないのかな……」「サービス告知しても申込みがなく、需要がないのかな……」と相談をいただきますが、「人気は向こうから来る」ものではありません。「人気は自ら作りだすもの。最初は需要がなくて当たり前」というマインドで動いていただきたいと思います。

■ **POINT**
　自ら積極的に動き、コツコツ継続することでフォロワーが増えていく。

クロスメディアで
アプローチできる仕組みを作る

　SNS集客を成功させるためには、3つのステップがあります。

STEP 1：リストを集める
STEP 2：リスト内で段階的に告知する
STEP 3：今買う理由を作る

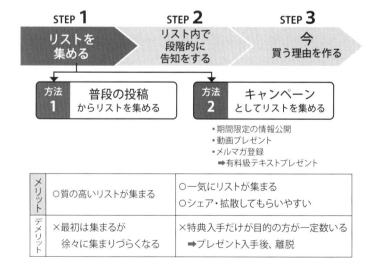

メリット	○質の高いリストが集まる	○一気にリストが集まる ○シェア・拡散してもらいやすい
デメリット	×最初は集まるが 　徐々に集まりづらくなる	×特典入手だけが目的の方が一定数いる ➡プレゼント入手後、離脱

　リストを集める方法は、左図の2つがありますが、方法2が最近の主流です。キャンペーンはお得感があるので、シェアや拡散されやすく、一気にリストが集まります。プレゼント入手後すぐ離脱する人も一定数はいますが、今はメルマガ発信者が多く、特典がなければ登録に至らないこともあります。

　一方、スマホメインの方が増えたため、メルマガが開封されない場合もあります。その対策としては、**メルマガ登録者をLINE公式にも誘導する**方法があります。メルマガ登録時の自動返信メールで、「さらにLINE公式登録で追加動画もプレゼント。ぜひ登録してください」と誘導し、ダブルで届く仕組みを作ることで接触回数を増やす作戦です。複数のツールで繋がることで、確実にコンタクトが取れるというメリットがあります。

　LINE公式に限らず、ご自身の無料オンラインサロン（Facebookグループなど）にも誘導し、**クロスメディアでアプローチできる仕組みを作る**ことがSNS集客を成功に導く第一歩です。

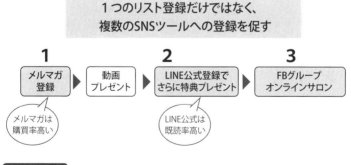

1つのリスト登録だけではなく、
複数のSNSツールへの登録を促す

1 メルマガ登録　▶　動画プレゼント　**2** LINE公式登録でさらに特典プレゼント　▶　**3** FBグループ オンラインサロン

メルマガは購買率高い

LINE公式は既読率高い

POINT

　登録者に魅力的なキャンペーンを行い、情報を届けるためのリストをなるべく多く集める。

集客をコントロールできる
告知の流れ

　ここからは、リスト内で段階的に告知する方法を3つに分けてご紹介します。

　あなたの周りには、右の図のように3段階の顧客がいます。

①VIP顧客……すでにあなたの商品やサービスを購入したことがある人。あなたに共感している人。

②リスト顧客……メルマガやLINE公式に登録していただいている人。潜在顧客とも言い換えられる。

③一般顧客……SNSのフォロワーを含む一般の顧客。興味はあるけど深いファンではない。

　商品を発売する際、あなたはどのように告知をするでしょうか。

　フォロワーの多いSNSから告知する、広告を出す、それとも同時に一斉告知……。答えはどれもNGです。

　SNSは、フォロワーが多くても、全員があなたの価値観に深く共鳴しているわけではありません。広告や一斉告知は、みんなに同じ情報が伝わるので一見いいようにも見えますが、大勢に向けて発信した情報は誰の心にもとまりません。

そうならないために
は「**段階的アプロー
チ**」が効果的です。

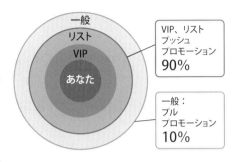

この手法では、すで
に深い信頼関係がある
①VIP顧客と、共感し
てくれている②リスト
顧客にまずは情報公開
し、その後に③一般顧客というように、内側から外側の順で告知
するのです。

　売上の約80〜90%を占めるとも言われるVIP顧客とリスト顧
客に最初に重要なお知らせを伝え、特別感を出す。そこで十分な
売上を作ってから、「3日間で1万部予約注文された本」「発売3
日で完売」という実績とともに一般顧客に告知することで、一躍
話題の商品にすることができるのです。

　SNS発信をしていると、ついフォロワー数が多いSNSで優先
的に告知してしまいがちです。しかし、SNSで繋がっている一
般顧客は、まだ深いファンではありません。その商品がすでに
「売れている」「信頼されている」という実績を作ってから告知す
ることで、より強い関心と興味を持ってもらえるのです。

　SNS時代においては、このように段階的に告知することで集
客をコントロールできます。

POINT

　SNS集客は、VIP顧客→リスト顧客→一般顧客の順で告知すること
が重要！

期待値をコントロールする

　告知をする際、**3段階で告知をすることで、顧客の期待値をコントロールでき、購買意欲を高める**ことができます。

前振り期：予告（販売開始２〜４週間前）

　初めて情報を公開する時は「一般公開はまだですが、ここだけのご案内です」と特別感を出して期待感を高めていきます。

　ここでの注意点は、いきなり「○○発売します」とお知らせしないことです。

　告知のポイントは、「宣伝する」のではなく「共感を意識する」ことです。まずは、「なぜこの商品を販売したのか？」という理由や想いを発信し、顧客の共感を得ることが重要です。

カウントダウン期：前告知（販売開始１週間前）

　前振り期で十分に共感を得られたら、販売開始約１週間前からは具体的な内容を伝えていきます。「メルマガ読者だけにいち早く内容をご紹介！」などと特別感を出すとともに「すでにお問い合わせいただいています！」と徐々に期待値を高めていき、販売当日を迎えます。

販売期：フォロー告知（発売後）

　発売告知をしたら終了！　ではありません。販売開始後は、自分で「にぎわい」を作っていきます。

　たとえば、申し込んだ方の声を発信することで「自分と同じ悩み・立場の人も申し込んでいるんだ」「たくさん申し込んでいるんだな」と、迷っている人の背中を押していきます。

　この段階で初めて、拡散系のSNSや一般顧客に告知していきましょう。その際のポイントは、「3日間で100名お申し込みいただきました！」「あと残り○席です」と実績とともに商品を告知することです。一般顧客にも興味を持ってもらいやすくなります。

● 前振り（予告）でお客様の期待感を高める

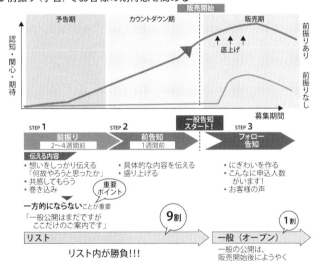

　いきなり販売告知はNG。予告期・前振り期・販売期と段階を踏んで購入に向けた後押しをする。

SNS集客を成功させる３ステップ③
「今買う理由」を作る

コストゼロで購入を
後押しできるフレーズ

　ネットショッピングで、「いいな、買おうかな」と迷った時、「今じゃなくてもいいか」と思って結局購入をやめたということは、誰しも経験があると思います。逆に、迷っている時に「今だけ○％オフ」「今だけ送料無料」という表示を見て、ついつい購入ボタンをクリックしてしまったことがある人もいるのではないでしょうか。

　このように、顧客に**「今買う理由」を提示することで、迷っている人の購入を後押しする**ことができます。

「今買う理由」を作り、お客様の心を動かす

今だけ
○％割引

今だけ
プレゼント

もうすぐ
満席！
（在庫切れ！）

コスト０！
おすすめ

例

| 今週までの申込 ▼ 笹木郁乃 グループコンサル プレゼント | 満席になったら 募集終了 | 明日までの申込 ▼ 10%割引 | 3日以内の申込 ▼ 有料級の講座の 動画プレゼント |

「○分個別コンサル」といった特典をつける余裕がある方はそれが強力な後押しになりますが、**一番のおすすめは「もうすぐ満席！」「もうすぐ在庫切れ！」**というフレーズです。

「今だけ○%割引」「いまだけプレゼント」だと、費用がかかりますが、満席表示はコストは0円、負担もゼロです。

コストをかけずに集客したい場合には、「満席」という概念を作ることが、「今買う理由」になります。

お客様の心理を理解して「今買う理由」を作ろう

あなた：（いつも）「募集中です」

お客様：「まだ席あるかな」
　　　　「また来月もあるかな」
　　　　「あんまり人気ないのかな」

✕ 今買う理由

あなた：「もうすぐ満席！」

お客様：「もう席がなくなるかも！」
　　　　「早くしないと！」

○ 今買う理由
▼
集客力 UP

POINT

顧客の心を動かす「今買う理由」が購入の決め手になる。

第6章

メディア掲載を実現する
PR塾式プレスリリース

人脈なしでもメディアPRを成功させる唯一の手段

この章では、さらなる認知と信頼獲得に繋がり、売上を伸ばすために欠かせないメディアPRについてお伝えしていきます。

メディアに掲載されている情報は、大きく2つに分けられます。

一つはお金を払って掲載してもらう広告です。現在は、広告費の回収すら難しいと言われる時代で、広告と分かると見てもらえないことも多くあります。

一方、読者や視聴者に売り込まれた印象を与えず、むしろ信頼感を持って読んでもらえるのが「記事」の部分です。記事は広告と違い、新聞記者が「これは素晴らしい、伝えたい」と思った情

記事
・掲載料：**0円**
・信頼度：**高い**

広告
・掲載料：高額
・信頼度：低い

報を記事にしています。そのため購読者は、「メディアの公共性・信頼性に裏付けられた情報」として安心して情報を受け取ることができます。これからあなたがPRで獲得を目指すのはこちらです。

　PRでメディア掲載を獲得する方法は3つあります。

　効果が高いのは**記者発表を開くこと**です。しかし、記者会見を開催するには、多くの記者を呼ぶためのニュース性、開催するための会場費、人件費など、準備時間もコストも掛かるため、最も難易度が高いと言えるでしょう。

　その次に効果的なのは、**メディア関係者に直接アポイントを取ってプレゼンする**ことです。しかし、記者に知り合いがいない場合、記者クラブや新聞社に直接電話をかけ、アポイントを取ることは、やや難易度が高いと感じるかもしれません。

　そして最後は、**プレスリリースを送る**ことです。「プレスリリースを送ったけど効果がなかった」という方もおられるかもしれませんが、正しい書き方と送り方さえ分かれば、無名な会社や人脈がない人でもメディア掲載を獲得できる唯一の手段です。

　プレスリリースは、PRのプロでなくても、センスがなくても、今日から誰でも書くことができます。難易度が低くても、プレスリリースだけで結果を出すことができます。これから認知度を高めるためには、ぜひ「プレスリリース配信」から始めてみましょう。

POINT

　プレスリリースの正しい書き方と送り方を実践することで、「記事」掲載を実現できる。

あなたは「情報提供者」である

　プレスリリースや企画書をメディアに送りましょうと言うと、「メディア関係者は忙しいのに、プレスリリースなんて送ってもいいのかな？」と心配される方がいらっしゃいます。

　もちろん忙しいことは事実ですが、実は記者やディレクターは記事になるネタを常に探しています。そのため、メディア関係者にとって、**プレスリリースの発信者は**「情報提供者」なのです。

　事実、毎日報道されている新聞・テレビニュースのネタの半分以上が、もとを辿れば記者クラブや各社に届くプレスリリースやお手紙を情報源にしています。

　アプローチする時に「電話や手紙を送るのは迷惑なんじゃ……」と後ろ向きな気持ちでいると、なぜかその気持ちまで届いてしまいます。マインドチェンジして、「私はメディアの方にとっては貴重な情報源なんだ！」という気持ちで送ってみてください。

　メディア関係者に知り合いがいなくても問題ありません。もちろん、人脈があれば読んでもらえる可能性はアップするかもしれませんが、いいネタでなければ取材はしてもらえません。

　本当に大切なのは、プレスリリースの内容です。私自身、もち

ろん最初は人脈なんてありませんでしたし、PR塾生たちも全く知り合いがいないところから、たくさんのメディア掲載を実現しています。

　メディア関係者は、今までどこにも取材されたことのない企業や人の情報をいち早くキャッチするために、日夜情報を集めています。

　特に、地方の新聞やテレビ局は地元で頑張っている人を応援したい、地元の人のためになる情報をお届けしたいという思いを強く持っているので、地方在住の方ほどチャンスです。どんな人でもネタがない人はいませんし、**どんな企業でも切り口次第で掲載される可能性は十分ありますので、ぜひアプローチしていきましょう。**

❶ 記者クラブ

会社に届く
**❷ FAX・メール
郵便物・電話**

❸ 記者個人の情報網
記者自身が取りに行く

毎日、報道されている
新聞・テレビのニュースの
半分以上は
プレスリリース等が情報源

プレスリリースを送るあなた

マスコミを助ける**情報提供者**

POINT

　あなたは、マスコミを助ける「情報提供者」というマインドでプレスリリースを送る。

大手企業と同じことをしても読んでもらえない

プレスリリースを書く前に大切なことが2つあります。それは、

- **大企業と同じ送り方をしない**
- **記者Aさんへ「お手紙（ラブレター）を届ける」気持ちで送る**

ということです。

大手企業なら、AppleやTOYOTAといった会社名だけで、プレスリリースを読んでもらえます。なぜなら、多くの人が知りたい情報が書かれているからです。「近日発売予定の最新のiPhoneはこんなスペックです」という客観的事実のみを書いたプレスリリースを送るだけでOKですし、何もしなくても勝手にニュースになります。

しかし、独立直後の個人事業主や無名の会社の場合、こうした「組織から組織に送る」という大企業の送り方では、取材どころかプレスリリースを読んでもらうことすら難しいのが実情です。

小さな会社や個人でも、読んでもらうために大切なことは何か。それは「たった1人の記者へラブレターを届ける気持ちで送る」ということです。

そのために重要なのが、書き方と送り方です。次の項目から詳

しく説明していきますが、大手企業のようにスペックや商品概要といった客観的事実だけを述べるのではなく、そこに「PR設計で書いたストーリーや想い」を加えて伝えるようにしましょう。

　PRは人の心を動かす仕事だとお伝えしましたが、ストーリーや想いに共感してもらうことができれば「知らない会社だけど取材してみよう」と思ってもらえるものです。

　そして、**送る際には「あなた」から「○○新聞の○○記者」に送る**こと。この記者に読んでほしい、取材してほしいというスタンスが非常に大切です。

　次の項目からは、PR塾で教えているプレスリリースのフォーマットと送り方をご紹介します。初めてプレスリリースを書く方でも、無名の人や会社でも、メディア関係者に響くフォーマットになっています。まずはこのフォーマットに則って、プレスリリースを完成させてみましょう。

POINT

　プレスリリースは、客観的事実以外に、大手と差別化するためにストーリーや想いも書く。

必ず4つのWを入れる

プレスリリースの書き方実践編に入っていきましょう。

まず、**プレスリリースは1枚に**まとめましょう。一般的にプレスリリースはしっかり作り込み、情報をもれなく伝えなければと思われているかもしれませんが、実はそうではありません。

その理由は、次の通りです。

- メディア関係者はとにかく時間がない
  - ➡記者は使える情報かどうかを数秒でチェックしています。
- だらだら書いても読まれない
  - ➡情報量の多さとニュース価値の高さは全く関係ありません。短くてもしっかりとその価値が伝わることが重要です。
- プレスリリースは単なる取材のきっかけ
  - ➡プレスリリースの役目は興味を持ってもらうことです。記者は興味を持てば必ずネットで検索し、詳細をチェックします。

こうした理由から1枚で書き上げることをおすすめしています。

これらを理解したうえで、プレスリリースを書く大前提とも言える大事な要素を確認しておきましょう。

それは「**いつ？　どこで？　誰が？　何をやる？**（WHEN、

WHERE、WHO、WHAT)」のかという「**4つのW**」です。これが明確でないと、主義主張と想いだけしかないリリースになってしまい、相手に情報が伝わりません。イベント等に限らず、必ずこの4Wを明記することがポイントです。

　何について書くかを明確にし、この4Wが抜けていないかチェックしましょう。

POINT

　プレスリリースは1枚でOK。興味を持ってもらうきっかけ作りと思い、大事な要素に絞ることが重要！

掲載確率を高める
5W3Hの法則

　前項の4Wはプレスリリースに最低限必要な要素ですが、さらに掲載率を上げていくためには、ぜひ「**5W3H**」を全て盛り込むよう意識して書いてみましょう。5W3Hは、**4WにWHY、HOW、HOW MUCH、HOW in FUTURE**をプラスしたものです。

　5W3Hには記者が取材したいと感じるポイントが入っています。
　まずWHYは、①実施の目的、②実施背景（ストーリー）です。記者はニュースの中でも特にストーリーが大好きです。WHYを明確化してストーリー性を高めると、記者にあなたの想いが伝わりやすくなり、取材のきっかけとなります。

　3HのHOWが重要なのは言うまでもありませんが、それよりも大切なのはHOW MUCHとHOW

5W3Hとは？	
WHO	誰が
WHAT	何を
WHEN	いつ
WHERE	どこで
WHY	❶実施の目的　❷実施背景（ストーリー）
HOW	どんなイベント/サービス？（様子、方法）
HOW MUCH	【金額】いくら（価格・売上目標・利益予想）→経済規模を知りたい
HOW in FUTURE	【今後の方針や戦略】・発売されることで今後どうなるのか・どう未来が変わるか

in FUTURE です。この 2 つを意識して書くことで、記者の目を引くリリースになります。

HOW MUCH……価格や売上目標だけではなく、この**商品の経済規模が今後どのくらいなのかを示せるかがポイント**です。

　記者は数字のインパクトを重視しています。特に経済記者にとっては、金額などの数字がない情報は論外です。「今まで売上が〇円でしたが、今期は何倍になる見込みです」と書くことで、「急成長しているな」「ニーズがあるんだな」と感じてもらえます。

（例）

- 大好評の××がついに販売累計 100 万個を突破しました
- 取り扱い店舗が全国 1000 店を突破！
- 現在 2 店舗ですが、今年中に 8 店舗オープン予定です
  - ➡ 1 年で 4 倍増という規模感を伝えることが重要。成長している具体的数字があることがポイント。

HOW in FUTURE……**このニュースで世の中がどう変わるのか、どういうインパクトを与えられるのか**は、記事にするかどうかの 1 つの判断基準になります。このビジネス、商品によって未来が変わるかという観点で今後の方針や戦略を記載しましょう。

（例）

- 〇〇を広めることで産後うつに悩むママを日本でゼロにしたい
- この本で不況の日本経済を救いたい

POINT

　プレスリリースには商品の経済規模や成長が分かる数字を入れ込むことがポイント。特に経済記者は数字がないと記事が書けない。

5W3Hを網羅する

　前項で、数字や未来が大切とお伝えしましたが、もちろんそれを全面に押し出すという意味ではありません。

　完成度の高い、**メディアの目にとまりやすいプレスリリースにする秘訣は、5W3Hの項目を全て入れておく**ということです。そのうえで、今回のテーマの一番アピールしたいところを、重点的に書く。そこはしっかり強弱をつける必要があります。

　そのために、**まずはこの5W3Hシートを完成させてからプレスリリースを書き始める**のがおすすめです。

　次のページには、新規のPR塾を開催すると仮定した場合の5W3Hシートと、プレスリリースのどの部分に5W3Hを反映するかを示しています。実際にトライしてみましょう。

事 例		PR塾開催バージョン
WHO	誰が	一般社団法人PRプロフェッショナル協会が
WHAT	何を	OJT式PR塾を
WHEN	いつ	○月○日より
WHERE	どこで	オンライン形式で
WHY	❶実施目的	無名の小さな会社もPR力によりお金をかけずに売上を上げる力をつけてほしいため
	❷実施背景（ストーリー）	私自身企業PRのサポートをしていた頃に……
HOW	どんなイベント/サービス？（様子、方法）	SNS時代に必要な、無名を有名にするためのメディアPRとSNS発信を実践的に学べる
HOW MUCH	【金額】いくら（価格・売上目標・利益予想）→経済規模を知りたい	【金額】月額○円×12か月／今期売上予想○円
HOW in FUTURE	【今後の方針や戦略】・発売されることで今後どうなるのか・どう未来が変わるか	コロナで不景気の企業が多い中、より多くの企業にPR力をつけてもらうためさらに受け入れ体制を万全に。需要ある仕事につきたい人のためにPRフリーランスも育てたい。

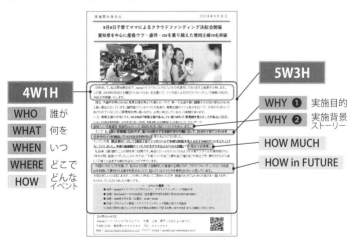

4W1H

WHO	誰が
WHAT	何を
WHEN	いつ
WHERE	どこで
HOW	どんなイベント

5W3H

WHY ❶	実施目的
WHY ❷	実施背景ストーリー
HOW MUCH	
HOW in FUTURE	

POINT

メディアの目にとまりやすいプレスリリースの秘訣は、5W3Hの項目を全て入れておくこと！

記者目線で
プレスリリースをチェックする

　心を込めて書いたプレスリリースでも、それが採用されるまでには長い道のりがあります。そもそもプレスリリースの本文を読んでもらうだけでも、ゴミ箱行きかどうかのチェックポイントがたくさんあります。どのようなプレスリリースがメディア掲載に繋がるのか、記者目線でチェックしてみましょう。

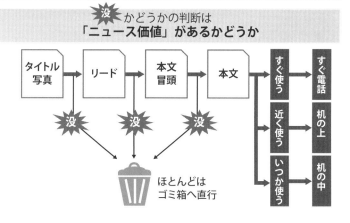

㊙ **記者はプレスリリースをどう扱うか**

没かどうかの判断は
「ニュース価値」があるかどうか

タイトル写真 → リード → 本文冒頭 → 本文 → すぐ使う → すぐ電話

没 没 没

ほとんどはゴミ箱へ直行

近く使う → 机の上

いつか使う → 机の中

①タイトルと写真

まず基本はタイトルと写真です。ここで、ほぼ9割が決まると言っても過言ではありません。

メディア関係者に聞いたところによると、タイトルは「読む」のではなく「見る」感覚。略語やカタカナばかりのタイトルなど、1回見て理解できないものは数秒でゴミ箱行きです。

②リード

本文に入る前に、4W1Hを3～4行にまとめたリードを記載します。せっかくタイトル・写真で審査を通過しても、この数行で概要（何をやるか）が分からなければ捨てられてしまいます。

基本的には、ほぼこの②リードまでで決まってしまうと考え、「大切なことはここまでで全部書く」つもりで書きましょう。

「すぐ使う」になるためには、今の社会情勢に何らかの形で関連がなければなりません。新聞やテレビを見る時、常にアンテナを張ってフックを探す。そうやって鍛えていきましょう。

POINT

最後まで読んでもらうために、大事なことはもったいぶらずに先に書く！

080

掲載確率が高まる プレスリリースフォーマット

7つの項目で 記者の心を動かす

ここからは、PR塾式のフォーマットに沿ってプレスリリースを完成させていきましょう。

このフォーマットは右図のように7つの要素で成り立っています。

特に注意していただきたいのは**「現在→過去→未来」の順序で書く**ことです。従来のプレスリリースの多くは、「現在」のことしか書きませんが、「現在→過去→未来」というPR塾式フォーマットの流れで書くと、端的であるにもかかわらずメディアの方に深く理解していただけます。

プレスリリースの「現在」に情報として書くことは、イベントや新商品発売のご案内、つまり、お知らせ情報が中心となります。その、イベントや発売という「点のお知らせ」についてだけのリリースでは、無名の会社では大手企業の規模感や華やかさには勝てません。

しかし、その「点（イベントや商品発売）」に至るまでの経緯やストーリー（過去）、そしてその点からどういう展望があるか（未来）ということまで書かれてあると、ものごとを立体的に伝えることができ、感情移入・共感してもらうことができます。その結果、記者の方の心を動かすことができ、掲載確率アップに繋

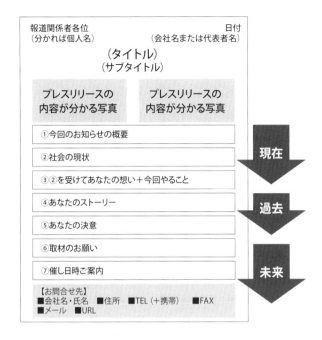

がります。

　5W3Hを書き出したら、ぜひフォーマットに沿って実際に作ってみてください。1枚で仕上げるために、要点を絞って簡潔な文章で書く。パッと読んですぐ理解できることを念頭に置いて書いていきましょう。

POINT
　共感されるプレスリリースは、現在⇒過去⇒未来の順で書く。

4Wと「なぜ今なのか?」を
明確に

　それでは、PR塾式フォーマットで書かれた、実際のプレスリリースを7つのパートに分けて詳しくご説明していきます。

①今回のプレスリリースの概要

　お知らせの概要を4W1Hに沿って書きます。今回の例では、ママたちによるクラウドファンディングの決起会のお知らせです。
（例）2018年9月8日11:30〜14:30　名古屋にて、ママ70名によるクラウドファンディング挑戦に向けた決起会を開催いたします。

②「社会の現状」（社会の現状の詳細は84項をご覧ください）

　ここでは、「働くママも、専業ママも両方が苦しんでいて、問題が深刻化している」という社会の現状をデータとともに書いています。データがないと客観性が示せず自分の主張になってしまうので、信頼感を与えるためにも**数字の根拠を提示**しましょう。
（例）「現在、共働き世帯は68.4%と専業主婦世帯よりも増える一方で、第一子出産を機に離職する女性の割合は46.9%と高い割合です。働き続けているママたち自身も、専業主婦のママと自分を比べて、子どもの側に居てあげられていないという罪悪感

を押し殺しながら、必死に両立しているという実態があります。
一方、専業主婦の女性達も、56.5%が『専業主婦であることに
後ろめたさ・罪悪感を覚えたことがある』と回答。産後うつ・
児童虐待・家庭内DVといった深刻な状況に悩むママたちも多
くいます」

POINT

社会の現状は、データとともに示さなければただの主観になってし
まう。

PR塾式プレスリリースフォーマット
徹底解説②

ストーリーと社会への
インパクトを伝える

③あなたの想い＋今回やること

　②を踏まえて、あなたがどう思い、何を考えているかを書きます。さらにそこから、「だからこそ（その現状を変えるために）今回この取り組みを実施します」と具体的内容を書きます。その際に、その取り組みに関する実績がすでにあれば、**実績も書くことでメディアに信頼されます**のでおすすめです。

（例）「そこで、私はよい母親像に囚われず、誰とも比較せず各家庭の幸せの軸に沿って、自分の子育てスタイルを日本中のママが創出していける社会を作りたいと考えるようになりました。そこでこの度、解決策の１つとして【現役子育てママのリアルで多様な現場】を見える化するWEBサイトを立ち上げることにしました。多様な価値観のママたちの生き方を伝える「100人図鑑」です（現在70名規模）」

④あなたのストーリー

　これはPR塾式独自のポイントですが、**PR設計の「ストーリー」を伝えます**。メディアは、商品やサービスとともにストーリーを伝えることで、視聴者や読者に勇気や感動を与えたいとい

う使命感を持っています。そこで、あらかじめストーリーを書くことで、記者の方も企画が立てやすくなり、取材や掲載の可能性が高まります。

　リリース例の想いは、「ママたちのつらい現状を変えたい」なので、「自分自身も産後7年もうつで、周りにロールモデルがいなかったので困った」というストーリーで書くことにより、今回の決起会の趣旨に説得力が生まれます。ストーリーは長くなりがちですが、リリース例のように3行くらいに凝縮しましょう。

(例)「私自身、5歳と7歳の二人の娘を持つ母親です。身近にロールモデルになるような子育てスタイルの選択肢がなく7年もの間、産後鬱でした。しかし今では、"子育てママの私"と夢を追う"個の私"が両立でき、夢を持ちながら楽しく子育てと併走する毎日を送ることができています」

⑤あなたの決意

　今回の取り組みによって、「こんな未来を作りたい」と宣言をします。メディアは、**未来をどう変えられるのか、どういうインパクトを与えられるのか**を知りたいため、大切なポイントです。

　目標としている売上金額や数字があればここに明記しましょう。特に経済系のメディアに記事にしてもらいやすくなります。

(例)「今回のプロジェクトを通じて、私のような想いと経験をした普通の主婦たちが、クラウドファンディングという仕組みを利用して夢を叶える背中を見せることで、悩んでいるママたちを勇気づけたいと思っています」

POINT

プレスリリースにストーリーを盛り込むことで他との差別化になる。

具体的日時と最後の一文で
記者の心をつかむ

⑥日時のご案内

　イベント概要（名称、会場、日時、簡単な内容）などを記載します。また、出欠確認の意味を込めて、「当日ご取材にお越しいただける場合は、事前にお問い合わせ先までご連絡ください」と書いておきましょう。

　イベントがない場合などは商品の特徴や詳細など補足説明を書

掲載確率アップのポイント

✕　取材に来てください。

○　「○月○日　午後2時〜
　　＊＊市民文化センターに取材に来てください」

記者

「その時間に行けば、
すぐに取材できるな」

取材
掲載確率
アップ！

いてください。通販なら購入方法などを記載します。

　また、取材をお願いする時は、具体的な日時を示すことで取材確率がアップします。日時や場所が明示されていないと、記者が調べたりアポイントを取る手間がかかり、「またでいいか」と思われてしまいがちです。ぜひ漏れなく明記しましょう。

⑦取材のお願い

　通常のリリースではあまり見かけませんが、このフォーマットは「力を貸してください」という気持ちを込めてお手紙形式でしめくくっています。メディアの方とお話ししていると、この最後の一文がついているプレスリリースはほとんどないと言っていただいたり、実はこの一文で心動かされましたと言われる方もいらっしゃいます。プレスリリースも、メディアの方との一対一のコミュニケーションです。ぜひ一文入れてみてください。

（例）「大変お忙しいとは存じますが、この件につきましてご取材
　　いただき、報道のお力でより多くの皆さまへ届けるきっかけ
　　としていただけましたら幸いです」

POINT

　1枚に収めるからこそ、最後の一文にまで心を配る。

社会の現状＝
読者の知りたいこと

　プレスリリース全体の流れを見ていただいたところで、メディア関係者が興味を持つポイントとなる「②社会の現状」についてお伝えします。

　掲載確率をアップするポイントは、「社会（視聴者・読者）が関心のあることに関連させてプレスリリースを書く」ということです。つまり、「社会の現状」に対して問題提起し、「それを解決するためにこの商品を開発しました、このサービスを始めます」と書くことで、単なる宣伝ではなく、社会問題解決のための情報と捉えられるようになります。

　たとえば、社会の現状と絡めずに、いきなり「スキンケア商品を販売します」と書いてもただの宣伝になり、美容専門雑誌でない限り取り上げられる範囲が狭くなります。

　そこでマナラ化粧品は、「オンラインで映えるスキンケアの無料セミナー開催」のプレスリリースを送る際に、次のような社会の現状をあげました。

● コロナ禍でオンライン会議が増加

- 自分の顔を画面で見る機会が増え、自分の肌が気になるといった美意識の高まりを感じている男性が3割に上る（※株式会社ランクアップが20〜60代の働く男性323人に調査）
- 男性向けの化粧品市場は過去最高の1,200億円（2020年）

Q. 実際、オンライン会議の増加により、首から上を見られることが多くなりましたが、美意識が上がったと思いますか？（n＝323）

分からない 21.7%
はい 31.0%
いいえ 47.4%

　このように書くことで、メディア関係者がいちいち調べなくても社会の現状と結びつけた報道ができるため、メディアに取り上げられやすくなります。

　このリリースでは、「コロナ禍でオンライン会議が増加」したという社会の現状に絡め、「オンライン会議の増加により美意識が高まったと感じている男性が3割」というデータをグラフで示すことで、視覚的にも理解しやすいよう工夫されています。

【社会の現状を書くポイント】

- 新聞やテレビを見てメディアが関心のある社会の現状を調べる
- 社会の現状というフィルターを通してプレスリリースを考える
- 「増えています、減っています」だけではなく、客観的に示すためのデータをつける

POINT

　「社会の現状を解決するためにこのサービスを始めます」という流れにすることで、宣伝ではなく社会問題解決の貴重な情報となる。

プレスリリースは
「タイトルで9割決まる」

　いよいよプレスリリース作成の最終段階です。プレスリリースが最後まで読んでもらえるか、そして**掲載に繋がるかの決め手はタイトル**にあります。タイトルでリリースの9割が決まると言っても過言ではありません。

　具体的な事例があると分かりやすいので、この項ではGOOD事例を、次の項ではNG事例をもとに、タイトルのつけ方のポイントをお伝えしていきます。

　リリースを書く際に覚えておいていただきたいのは、**タイトルは内容が完成してから作成する**ということです。

　ここで気をつけたいことは、プレスリリースのタイトルは、ブログやメルマガのタイトルとは全く別物だということです。

　ブログのタイトルには、「○○の3つのポイントとは」「片付けができない人の5つの法則」など、開封してもらうために読者を引きつける言葉が並んでいます。

　しかし、**プレスリリースは、タイトルを読むだけで内容まで想像できるものがベスト**です。本文を読まなければ分からないタイトルでは、即ゴミ箱行きになってしまいます。

重要ポイント（コツ）

▶ オーバーな表現はせず、堅実に淡々とした表現で
▶ 事実（ファクト）を過不足なく伝える
▶ 「！」「？」を使わない、専門用語を使わない
▶ 小学6年生でも理解できる文にする
▶ 抽象的な言葉を使わない
▶ 固有名詞、数字を盛り込むことで具体的に書く
▶ 形容詞（すごい、大きいなど）を極力使わない
▶ 1文（30文字以内）で書き切る（文の途中で改行はしない）

ここで、タイトルのGOOD事例を見てみましょう。

〈GOOD事例〉

● コロナ離婚を考えた既婚者は約4割　夫婦の時間が増えたストレスを軽減　〜男性5タイプ別コミュニケーション講座を8/21（金）オンライン開催〜

この例は、タイトルを読んだだけでプレスリリースのおおまかな内容が理解できます。

社会の情勢：コロナ離婚を考えた既婚者は4割
内容：夫婦の時間が増えたストレスを軽減するためのオンラインコミュニケーション講座の案内
日時：8/21

こうした理解しやすいタイトルが、記者の興味を引きつけるのです。

POINT

タイトルは小学6年生でも内容まで理解できる言葉で端的に！

宣伝・専門用語・抽象的表現は避ける

次は、タイトルNG例を見てみましょう。

【タイトルのよくあるNGポイント】
①ビジネスキャンペーンに見えるもの

➡「○周年記念」「プレゼントキャンペーン」は一瞬でゴミ箱行きです。なぜなら、単なる宣伝や告知でしかなく、社会性が見えないからです。

②専門用語を使う

➡タイトルは小学校6年生でも理解できることが重要です。その業界でしか通用しない言葉や、マイナーな用語は言い換えるなどの工夫が必要です。

③ユーザー・お客様向けの呼びかけ

➡「こんなことはありませんか?」「○○が求められています」などお客様への呼びかけのような表現は、セールスに見えてしまうためNGです。

具体例で説明しましょう。右上のタイトルには「ダスブレット」という専門用語が使われており、パッと読んだだけでは意味

が分かりません。それを、誰が聞いても分かるよう「木製フィットネスボード」と言い換え、イメージ写真も掲載することで理解しやすく改善したのが下のタイトルです。また、「最も不安視されている」は、根拠が本文で示されている場合はOKですが、そうでない場合は、淡々と事実のみで書くことが大切です。

　全く同じ内容でもタイトルを変えるだけで受ける印象が変わります。**タイトル**には決まりはありませんが、**リリースのエッセンスが詰まった、分かりやすいもの**である必要があります。だからこそ、タイトルはプレスリリースの本文ができあがってから、最後に作成するのが鉄則なのです。

　分かりにくいタイトルは、カタカナが多い、専門用語が多すぎてイメージできない、抽象的になってしまっているなどの可能性があります。前項の8つのポイントと左頁のNGポイントを見返しながら、修正してみてください。

POINT

タイトルにカタカナ多用、専門用語はNG！

そのまま新聞に掲載できるような写真を載せる

プレスリリースに載せる写真は、次の3つの基準で選びます。

- 写真を見ただけで状況がイメージできる
- そのまま新聞にも掲載できる写真
- デザインされた写真、自撮り写真、加工してある写真は避ける

そのまま新聞にも掲載できる写真とは、実際に開催したイベントの様子など、**事実を伝える写真**のことです。

新聞などのメディアには、自撮り写真や加工された写真はほとんど使われません。イベントや講座なら、取材したらこういう写真が撮れるんだろうなとイメージできるもの、商品の場合は、利用シーンをイメージできるものがいいでしょう。

【写真選びで成功した事例】

- コロナ禍でテイクアウト需要増　外出自粛でコロナ疲れでも食の活性化　〜「当日産みたて」いわき地養卵で作ったチーズケーキを自宅に届けたい〜

　このプレスリリースでは、作成当初は左の写真を使用していました。しかし、写真に文字を入れる等、加工された写真では「宣伝のチラシ」と思われてしまいます。

　そこで、「自宅に届けたい」というタイトルに合わせて右の配達中の写真に変更。すると、地域性のあるよい取り組みと認識されるようになり、このプレスリリースで多数の取材を獲得されました。写真一枚でもメディアの反応は変わるのです。

　（実際のプレスリリースは242頁に掲載しています）

【NG例】　　　　**【OK例】**

広告のように、デザインされた画像ではなく事実をありのままに伝えられる写真を使う

POINT

　プレスリリースには、タイトルの出来事が表現された、人物が映っている臨場感のある写真がポイント。

取材に繋がりやすい
切り口の見つけ方

　皆さんはこれから、たくさんのプレスリリースを書いていくと思いますが、常に新しいニュース、イベントがあるわけではありません。そんな時に役立つのが、この3つの切り口です。

①季節性　②地域性　③意外性・優位性

　まずは①季節性です。バレンタインデーやクリスマスなど、毎年メディアが取り上げる**季節イベント**があります。こうしたネタは、その**シーズンの前になると必ず求められている**ので、季節に合わせた切り口でリリースを出すと掲載確率がアップします。

　また、よく知られているイベント以外にも、業界団体が設定した「○○の日」という記念日が毎日のようにあります。

　たとえば、脱毛サロンの方が「脱毛の日」に合わせて意識調査の結果をプレスリリースとして出す、という企画も考えられます。

　また、法改正に絡めることもおすすめです。法改正時はメディアの方もニュースと結びつけられるネタを探している場合が多々あります。実際、「障害者自立支援法」の法改正にあわせて、障害者支援サービスのリリースを出し、掲載に繋がった事例もありま

す。社会の状況には常にアンテナを張っておくようにしましょう。

　次の②地域性は、地域在住の方には特に大切なポイントです。**地方のメディアは、その地域で頑張っている人、地域独自の取組みを取材したい**と思っています。地域にどれだけ密着しているか、地域の課題解決など、地域性を強く打ち出すことで、メディアの使命感をくすぐることができます。タイトルの中にも地域を入れるように工夫しましょう。

　最後に③意外性・優位性です。

　メディアの方が社内で企画書を通す際、**「なぜこのネタなのか、なぜ他では駄目なのか」という理由が問われます**。その際、企画が一番通りやすいのが、意外性や優位性がある時です。

　自分のサービスに「売上No.1」「日本初」等の優位性や、「○○なしでも大丈夫」などの意外性がないか探してみましょう。

季節性	卒業・入学、こどもの日、海の日、ハロウィン、クリスマス、インフルエンザ　など
地域性	会社所在地の都道府県、出身地、イベント開催地　など
意外性・優位性	日本初、愛知県初、唯一の○○、これ1つで、＊＊なしでOK！　など

POINT

　メディア関係者は、3つの切り口には常にアンテナを張っている。

第7章

認知度が高まる
メディアアプローチ

人脈がなくても
プレスリリースを届ける方法

　ここからは、完成したプレスリリースを届ける方法をご紹介していきます。

　プレスリリースを届ける方法として最も一般的なのは、下記の3つの方法です。この本では、コネクションがなくてもお届けできる方法として、**①記者クラブへ持参**、**②郵送、メール、FAXで送付**の2つをご紹介します。

　この2つを実践し、メディア関係者と名刺交換することで、最終的には最もプレスリリースを届けやすい「**③名刺交換済の記者**

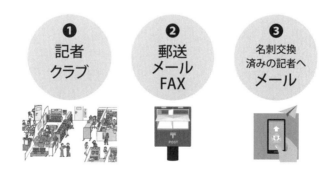

ヘメールする」ことができるようになっていきます。

　①、②から始めることは、一見遠回りに見えるかもしれません
が、PR塾の卒業生でPR未経験からメディア掲載を獲得してき
た多くの人に共通していることは、

- PR塾式テンプレートでプレスリリースを書く
- メディアへプレスリリースを送る（記者クラブへ持参、郵送、
  電話、直接持参など）

　この２点を地道に実践していたということです。

　①、②を実践することで、メディア関係者とのご縁を作ってい
きましょう。

　PR塾式テンプレートでプレスリリースを書くことと、メディアへ送
ることを地道に継続することでメディア掲載を獲得できる。

チャンスをつかむ渡し方

　記者クラブとは、県庁や市役所などで、ニュースにいち早く対応するために各社のメディア関係者が待機している場所のことです。記者クラブの方々は常にニュースを求めているため、新しいニュースであるプレスリリースを持って行くことは歓迎されます。

　また、自治体にもよりますが、5〜30社のメディア関係者がいらっしゃいますので、一度にたくさんのメディアにプレスリリースを届けることができます。

　実際、PR塾生でメディア掲載された方の約4割は、記者クラブから掲載に繋がっています。まずは記者クラブにリリースを持参するところから始めてみましょう。

【記者クラブでのプレスリリースの渡し方】

- 投稿ボックスに投函……記者クラブには、メディアに渡したい資料を投函するためのボックスが用意されています。メディアごとに分かれている場合は1通ずつ、まとめて入れる場合はそのまま、封筒に入れずに1部ずつ綴じた状態で入れるのがおすすめです。投函するだけであれば、地方でPRの仕事をされている知り合いなどにお願いするのも一つの手です。

● 記者へ手渡し……記者クラブを訪問した際、記者がいらっしゃる場合はぜひ話しかけましょう。

「愛知県名古屋市に工場がある○○という会社の広報をしています。○月○日にこんなイベントをするのでプレスリリースをお持ちしました。ぜひ来てください」

など、**10秒くらいで簡単に自己紹介**し、**プレスリリースを渡して名刺交換までできると GOOD** ですね。

その際、もし記者に興味を持っていただけたら、25～29項で作成した会社紹介資料とサンプルなどを使って PR設計や商品について説明できるようにしておくと、さらに掲載に繋がりやすくなります。

今後の広報・PR活動のためには、メディア関係者のリストを作ることが非常に重要です。積極的に記者に話しかけてみましょう。

投函の場合	記者がいる場合
Point	**Point**
● 封筒に入れなくてOK ● カラーコピー ● ホチキスどめのみ（複数枚の場合）	● 爽やかに話しかける ● 10秒で自己紹介をし、名刺交換 ● リリースを手渡し、相手の反応を見ながら補足説明

POINT

記者クラブの活用が、メディア掲載の近道！

記者クラブの選び方

　記者クラブには次の2種類があります。そのうち、私たちがまず訪問すべきなのは左の記者クラブです。

1 自分が住んでいる地域 の記者クラブ	**2** 業界・商品に関連する 記者クラブ
● 47都道府県すべて ● 市・県庁所在地の市役所にも 必ず存在 ※人口10万人以上の地域はほぼある	● 主な業界、経済団体 ● 県ごとに経済記者クラブ がある

まずは
ここ
を訪問！

　プレスリリースの提出先は、**基本的にはその会社がある地域、もしくはイベントを開催する地域の記者クラブ**です。たとえば、愛知県岡崎市でイベントをする場合は、愛知県政記者クラブ（愛知県庁内）、岡崎市政記者クラブ（岡崎市役所内）に持参します。

　しかし、愛知県の会社が北海道でイベントをする際には、北海道政記者クラブに提出しましょう。地方メディアが取り上げたいのは、「その地域で開催されるイベント」「その地域に住む人にとって有益な情報」です。そのため、イベント開催場所である北海道の記者クラブにプレスリリースを提出しましょう。

自分の住んでいる地域に
「県庁・市役所の記者クラブ」
は存在するのかな？

手軽で
早い方法

県庁・市役所の代表番号に電話をかける

**気軽に電話で
確認しましょう！**
病院に診察予約をとる感覚でOK

「記者クラブにプレスリリースを出したいのですが」
　　　　　　繋いでもらう
「＊＊という案件でプレスリリースを出したいのですが
　　申し込み方法を教えてください」

　しかし、切り口を変えて「地元出身者の活躍」に関するプレスリリースを作れば、愛知県政記者クラブ、岡崎市政記者クラブに出すことも可能です。

　なお、地域によってプレスリリースの出し方が違うことがあるので、持参する前に一度電話をかけ、確認するといいですね。

【記者クラブおすすめ訪問法】

　PRを始めた当初、私は記者の方たちに商品をもっと知ってもらいたいと思い、記者クラブ訪問の際は必ず商品サンプルを持参していました。「実はこれ、買うと1万円するんです。使っていただくと商品のよさを実感していただけると思います」と商品サンプルをお渡ししていたのです。記者の方とのコミュニケーションのきっかけになりますので、商品がある方は試してみてください。

　もちろん、取材などで記者が出払っていることもありますが、どんな状況にも対応できるよう、**会社紹介資料や商品サンプルはしっかり準備していきましょう。**

POINT
　まずは地元の記者クラブからが鉄則。持参する前に一度電話をかけ、申込方法を確認しよう。

プレスリリースの送り方②-1
郵送・メール・FAX

メディアの選定

　プレスリリースを郵送する場合、次の３ステップが基本です。

　まず、「ステップ1　メディアの選定」から始めましょう。

　掲載率アップのためには、メディアとのマッチングが大切です。ご自身が出す**プレスリリースと同じテーマで、内容・専門性が一致するメディアを選びましょう**。

　多数のメディア掲載を獲得されている人が、何に一番時間を使っているかというと、このメディアリサーチです。自分のプレスリリースは、どの新聞、どの記者と相性がいいのかを徹底的にリサーチし、さらに記者のSNSまで詳細にチェックする方もいらっしゃいます。

ステップ**1**	ステップ**2**	ステップ**3**
メディアの**選定**	**送り状**を書く	**送る**

　たとえばあなたのプレスリリースのテーマが「子どもの教育について」なら、そのテーマや読者層に合ったメディア媒体を選びます。次にその媒体の「子どもの教育について」書いているコーナーや、それに近い切り口の記事を探します。

　リリースを一斉配信サービスで300通送るより、このように**詳細にリサーチし、相性を追求し、記者一人ひとりにアプローチする**方が、断然掲載率が高まります。

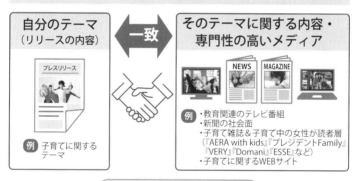

リリースの内容・専門性とマッチするメディアを選ぶ

自分のテーマ
（リリースの内容）

一致

そのテーマに関する内容・専門性の高いメディア

プレスリリース

例 子育てに関するテーマ

NEWS　MAGAZINE

例 ・教育関連のテレビ番組
・新聞の社会面
・子育て雑誌＆子育て中の女性が読者層
（『AERA with kids』『プレジデントFamily』
『VERY』『Domani』『ESSE』など）
・子育てに関するWEBサイト

お見合いのイメージです

POINT
　掲載率アップのためには、メディアとのマッチングが重要。

狙った記者に
届きやすい送り方

　前項でメディア選定の重要性をお伝えしましたが、いくら時間をかけてメディアを選定しても、「『anan』編集部御中」のように媒体名のみを宛先に書いたのでは、運よく記者の手に届いたとしても、自分宛に書かれた特別な手紙とは感じてもらえず、掲載に繋がりにくいのが実情です。相手の心を動かすよう、特定の記者に提案する気持ちで送るのが重要です。

　ただ、記事を調べても記者の名前が出てこないこともあります。その場合でも、しっかりと記事を担当した記者に届ける方法があります。それは、**「コーナー名」まではっきりと宛名に記載する**ということです。

　具体的な方法をご紹介します。

【雑誌の記者へアプローチしたい場合】

　たとえば雑誌の記者にアプローチする場合、まずは『日経トップリーダー』や月刊誌『致知』等、プレスリリースのテーマにあった雑誌を探し、その中から最も親和性が高い記事を探します。基本的には、**記事の最後に記者の名前が書かれていますので**チェックしてみてください。

　もし書いてない場合は、「**コーナー名＋ご担当編集者様**」宛て
で送れば大丈夫です。郵便を受け取る方は庶務や総務担当の方な
ので、個人名が分からなくてもコーナー名を書いておけば、担当
者の手元に届けてもらえます。

　このやり方なら、人脈なし、名刺なしから始められます。新聞
やWEBの場合も同じ方法で郵送してみましょう。

　新聞にはコーナー名がない場合もあります。その場合は「**新聞
社、○○面　日付＋タイトル　ご担当記者様**」と書きましょう。
「面」まで書くことで、より担当者に届きやすくなります。（社会
面、生活面、経済面、地域面など）

雑誌記者へアプローチしたい場合

新聞記者へアプローチしたい場合

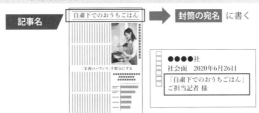

POINT

　記者のお名前が分からない場合は、コーナー名宛に送ることで記者
の手元に確実に届けられる。

意外と重要！
送り状のポイント

　名前の知られていない会社でも、大企業と差別化でき、掲載を勝ち取ることができる方法があります。それは、プレスリリースに送り状（お手紙）を付けて送ることです。

　なぜかというと、送り状の中で**「私がどうしてこのプレスリリースをあなた（記者）に届けるのか」という思いを伝える**ことができるからです。

　この送り状は相手によって内容を変える必要があるため、作成には時間も手間もかかります。しかしその分、メディア関係者の安心感や信頼感を高め、印象に残るため、メディアへの掲載確率もグッと高まります。私の会社でも、多くの企業PRをしていますが、この送り状を付けることで、メディアの方から「お手紙が嬉しくて記憶に残っていて、取材したいと思った」とよく言われます。

　この送り状の一番の特徴は、次頁のように記事や番組の感想を必ず盛り込むことにあります。

　あなたもDMを受け取ったことがあると思いますが、送り状がないプレスリリースは、ポストに届くDMと同じです。しかし

送付状に「記事や視聴の感想」を記入

名古屋テレビ
「UP」ご担当ディレクター様

感想
あなたのメディアの
ファンであること

いつも名古屋テレビの夕方のニュース
「UP」を楽しみに拝見しております。
特に「あなたの幸せUP」のコーナーの
ファンで、東海地方の方が色々な職業で
頑張っている様子から元気をもらっています。

"あなただから"
リリースを出した
ことを伝える

プレスリリース
送付理由

私自身も名古屋で6歳の息子を育てながら、
今年起業して、……という活動をしています。
東海地方の皆さんに元気と勇気をお届けできればと思い、
プレスリリースを送らせていただきました。

よろしければ前向きにご検討頂けましたら幸いです。
今後とも御社そして番組の益々のご発展をお祈りしております。

問い合わせ先

～お問い合わせ先～
株式会社LITA　代表取締役　笹木 郁乃（ささきいくの）
〒000-0000　○○県○○区＊＊＊＊　TEL：000-000-0000
Mail：XXX@＊＊＊.com（どんなことでも、どうぞお気軽にご連絡、ご相談下さいませ。）
HP：lita-pr.com/

そこに、**あなたの仕事に対する感謝や感想が記された送り状**が一枚入っているだけで、ガラッと印象が変わるのではないでしょうか。

例のように、**その記者の記事や番組の感想を冒頭に書き、続いてなぜあなたにプレスリリースを送ったか**という理由を伝えます。

この送り状を添えるだけで、ただのDMではなく、自分に提供された貴重な情報かもしれないと思っていただけるのです。

また、プレスリリースと送り状両方に必ず連絡先を記載しましょう。その時取材に繋がらなくても、お手紙は嬉しくて保存してあり、何かの折に連絡をいただけることもあるからです。

POINT

送り状はメディアに印象を残す最高の手段。プレスリリースだけでは伝わらない思いを伝える場として活用する。

開封率を高めるには

プレスリリースの送り方には2つのポイントがあります。

まず、**開封率を高めるため**には、「**手書きの宛名＋茶封筒**」で**送る**のがおすすめです。

企業のロゴが入った封筒だと、単なるDMだと思われてしまうことが少なくありません。茶封筒に手書きで宛名を書くことで、「読者や視聴者からのお手紙かな？」と手に取ってもらいや

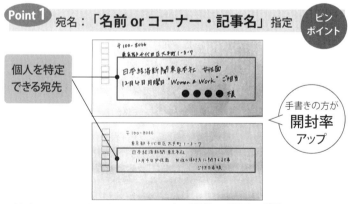

Point 1 宛名：「**名前 or コーナー・記事名**」指定　ピンポイント

個人を特定できる宛先

手書きの方が**開封率**アップ

雑誌コーナーや編集者名を調べるには**dマガジン**や**楽天マガジン**が便利！

すくなります。

　送り状はWordでも構いませんが、**宛名だけは絶対に手書きす**
るようにしましょう。

　2つ目は、送り方は郵送、Fax、メールのいずれでもOKとい
うことです。

　中でも、住所はHPで簡単に調べられるため、今の時代では一
番簡単な送り方と言えるでしょう。

　もちろんベストな方法は、名刺交換している記者の方に直接
メールでお送りすることです。もちろん、知り合いだからといっ
て必ず掲載に至るとは限りませんが、難易度が高い分、メールの
開封率も非常に高くなります。積極的に名刺交換していくこと
で、そのリストを増やしていきましょう。

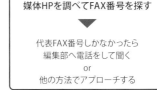

Point 2 送り方：郵送、FAX、メールのいずれでもOK

※個人のメールアドレスを知っていたら、メール送信がベスト

住所の調べ方

媒体HPやマスコミハンドブックで
住所を探す

①◆◆社　○○編集部　△△様
②◆◆社○○編集部
　2020年1月号「～～」ご担当編集者様
出来る限り個人を特定して送付する

FAX番号調べ方

媒体HPを調べてFAX番号を探す

代表FAX番号しかなかったら
編集部へ電話をして聞く
or
他の方法でアプローチする

初めての方には郵送の方が簡単でおススメ！

POINT

　どんなツールを使うにしても、「DM等と誤解され開封されずにゴミ
箱行き」を回避するための工夫を凝らす。

メディアPRの勝敗を分ける
電話のかけ方

さらに掲載確率を高めるポイントは「リリース送付前の電話」にあります。「このデジタル化の時代に電話？」と思われるかもしれませんが、メディアPRの世界では、やはり電話でコミュニケーションをとり直接伝えることは大きな武器になります。

電話はハードルが高いと思われる方も多くいらっしゃいますが、メディアの方は、日々視聴者や読者のためになる情報を探しています。

PRは営業や売り込みではなく、メディアの方を助ける情報提供です。ぜひ自信を持って電話してください。

◆電話のメリット
- 電話で深く話せるので、取材に繋がる可能性がアップ
- 相手のほしい情報をヒアリングし即回答が可能
- すぐに取材に繋がらなくてもメールアドレスや名前を聞く。継続的なコミュニケーションが可能
- 声のコミュニケーションで距離感を近づける

プレスリリースだけではなく事前に電話しておくことで、相手と深く話すことができたり、相手が求めている情報を即座にお伝えできる、また相手の名前とアドレスを聞き、確実に手元に届けられるなど、メリットがたくさんあります。

特に、「話す」ことで相手の記憶にも残りやすくなるため、実際にリリースを受け取った時の印象が変わり、取材確率が格段にアップします。

全国放送のテレビや全国版の新聞、競争の激しい雑誌などへのメディアアプローチでは、事前電話は必須です。

なぜなら、メディアの担当者のもとへは日々大量の情報が寄せられるため、プレスリリースだけで記憶に残すことは至難の業だからです。多くの方が苦手とする電話アプローチをすることは、確実に掲載への近道になります。

私の会社でも、電話の重要性を認識しているため、電話アプローチの日を設けて重点的にアプローチし、メディアの方とのコミュニケーションを大切にしています。

電話アプローチでは、営業的な姿勢やへりくだった態度でお話しすることはNGです。取材してもらおうという下心が垣間見え、相手が警戒してしまうので、「役に立つ情報をお伝えしたいんです！」とフレンドリーかつ楽しそうに話すことがポイントです。

POINT
マインドはお友達を作る感覚で楽しむこと。最初は緊張しますが、徐々に楽しくなります。

事前電話フォロー攻略ポイント

実際に電話をかける際のポイントをチェックしてみましょう。

> ◆電話アプローチ攻略のポイント
> • 話す順番が重要
> 　　①感想を伝える
> 　　②自分の知識を、「相手の役に立つ情報」として伝える
> • アポを取る（断られてもいいので個人のメールアドレスを聞く）
> • 手当たり次第電話するのはNG
> 　順番に50件電話するより、丁寧な10件の電話がベター
> • メディア選定し、丁寧に相手メディアを調べる
> 　感想や有益な情報を伝えるためにも内容把握は絶対条件

　忙しいメディア関係者の記憶に残るためには、話す順番が大切です。

　「メディアPRをしましょう」というと、初めに「この商品は、こんな特徴があって、こんなところがいいんです！」と、多くの方は「商品の特徴を延々と」語ってしまいます。

　しかし、それでは残念ながら、相手の記憶には残りません。

　まず1番にお伝えするのは、「なぜ、あなた（のメディア）に
アプローチしたいのか」です。

　たとえば、大好きな誰かにアプローチしたい時、「俺ってこん
なとこいけてるんだ！　すごいだろ！」と言われたらどうでしょ
うか？　残念な結果が目に見えますよね。

　そうではなく、「あなた（のメディア）はこんな情報をよく取
り扱われていますよね。特に○○のコーナーのファンで毎回欠か
さずチェックしています（①）。実は、私はその情報の専門家
で、特に○○の点であなたのお役に立てるのではと思い、今回ご
連絡しました（②）」と伝えられたら、第一印象は180度変わり
ます。

　メディアの方も、「うちの雑誌読んでくれているな。確かにこ
の企画は合うな」と思ってもらうことができます。つまり、92
項のメディア選定をしっかりすることで相手に深くアプローチで
きるのです。

　そして、電話だけで終わるのではなく、アポイントがとれそう
ならぜひ面談を依頼してみてください。それが難しい場合でも
「相手のメールアドレスを聞く」まで頑張ってみましょう。直接
コンタクトがとれるような関係性を築くことは、今後のメディア
PRにおいて大きな強みとなります。

POINT
　メディアアプローチは、相手の心をつかむためにまず感想から。

プレスリリースを
送りっぱなしにしない

「なかなかメディア掲載が決まりません」「けっこう動いているのに取材が来ない……」。そんな、メディアPRについてのご相談を多くいただきます。結果が出ないと自信もなくなり、負のスパイラルに入ってしまいますよね。

結果が出ない方のやり方をうかがうと、だいたいこの2つのどちらかに当てはまります。

1、アプローチの仕方が雑である

2、メディアに直接的なアプローチをしていない

1つ目の例としては、プレスリリースとメディアの相性を考えず、手あたり次第大量に送ってしまう、ということがあげられます。これでは、「それぞれのメディアに合った情報提供」ではなく、「単なるセールス」と同じです。

そして、メディアPRに苦戦している方の90%以上が実践できていないのが2つ目です。

掲載されたいメディアの方へ会いに行くことは、原始的ではありますが、とても大切です。そのメリットは、「印象に残る」「メ

ディアにアプローチしたい理由を直接説明でき、安心してもらえる」という2点です。

　それだけでなく、会話の中で「今メディアが求めている情報を知ることができる」「リリースのどこがダメだったかを聞くことができる」、つまり、メディア視点での「ヒント・正解」を聞くこともできます。「それならこんなネタもありますよ」と、その場で軌道修正ができる場合もあります。プレスリリースや企画を頭で考えるだけでは、正解には近づけません。

　そして、この時に最強の武器となってくれるのが、2章の25～29項で説明している、「会社紹介資料」です。

　企業PRをサポートしていた頃、私はメディアアプローチに対して「1週間に3日。1日に3人。つまり、1週間で9人のメディアの方々に会いに行く（愛知から東京出張で）」というミッションを課していました。実際に行動すると分かりますが、1週間で9人のメディア関係者に会うのはかなりハードルが高い目標です。

　本書の100項目を実践していただければ、そんな厳しいノルマを課さなくても成果をあげることができます。しかし、メディア関係者と直接連絡を取り、会社紹介資料で説明することこそが、メディア掲載への最短ルートであることに変わりはありません。

　メディアに直接アプローチするうえで大事なのは、コミュニケーションです。技術や専門性は必要ありません。電話やZOOMでも構いませんので、チャレンジしてみましょう。

POINT

　行動量を増やすだけでなく、手間や時間を惜しまず丁寧な行動を継続することで結果に繋がっていく。

取材後〜掲載までに
何をしたらいい？

　取材が終わり、掲載が確定したら、メディア掲載を結果に繋げるためにやっていただきたいことがあります。

ステップ1　メディア掲載取材・掲載日決定
　取材が終了したら、いつ頃掲載が決まるか、**情報公開してもよいのはいつからか確認**しておきましょう。

ステップ2　メディア掲載日のお知らせ
　掲載日が決まったら、取引先・お客様・関係者の方にお知らせしましょう。なぜかというと、メディアに掲載されることで、問い合わせが増えることを想定して小売店から追加注文をいただける可能性があるからです。
　ポイントは、**必ず感謝を込めて掲載をお知らせする**ことです。「日頃の皆さまのご支援があってこそのメディア掲載です」と言

＊＊御中
いつもお世話になっております。○月○日にメディア掲載が決まりましたのでご報告いたします。
■日時：○月○日○時〜
■メディア：○○テレビ
■放送内容……について
日頃の○○様のご支援あってこそのメディア掲載になります。いつもありがとうございます。…

われると、嫌な気持ちはしませんし、掲載は今後の取引において信頼の後押しにもなります。

　さらに、公式SNSやメルマガなどでも発信しましょう。そうすることで、「メディアにも紹介されるサービスなんだ！」と信頼され、ブランド力が上がり口コミも増えていきます。ワクワク感の共有にもなりますので、詳しくは47項を参考にしてください。

ステップ3　メディア掲載当日

　当日は、SNSやHPで大々的に告知しましょう。

　HPや公式SNSなどに「○月○日、○○新聞で○○をご紹介いただきました」と表示し、掲載誌のWEB記事やテレビのHPのリンクを貼っておくと、実績としてアピールできます。

　リアル店舗がある方は、掲載誌を置いておくのもおすすめです。ただ、雑誌のコピーを置く、テレビ映像をディスプレイで流すのはNGですので注意しましょう。

ステップ4　他のメディアへアプローチ

　掲載実績は次に取材するメディアにとっての「安心材料」にもなります。過去の掲載実績は、次のメディアアプローチでも威力を発揮しますので、ファイリングしておいて、メディアPR時にお見せすると、次へ繋がりやすくなります。

POINT

　メディア掲載は掲載実績だけではなく、次のメディアアプローチで戦略的に活用する。

PRに向いている人って
どんな人？

　PRのお仕事は、「難易度の高い専門職」「企画力やマーケティング力が必要」と思われることが多いのですが、実はそうではありません。

　現在PRで活躍されている方も、元は専業主婦や事務職、さらには理系の技術職など異業種出身の方も多く、今までの経験を活かすことができ、非常に活躍しやすい職種と言えます。

　実際に私が主宰しているPR塾では、未経験者でも3か月程度で企業案件を受け、結果を出す方も多くいらっしゃいます。

　PRの仕事は一見華やかですが、裏方の仕事もたくさんあります。たとえば、メディアPRはこのような流れで進めますが、大半がコツコツした仕事の積み重ねです。

メディアPR	①企画 リリース作成	②メディア 選定	③郵送・TEL アプローチ
	（マーケティング）	（コツコツ調査&営業）	

　メディアPRは、①お客様からヒアリングし、企画やリリース作った後は、②メディアを調べ、③メディアへアプローチ、と大

きく3段階に分かれます。

　割合としては、②、③の作業が8、9割と大きいため、①が苦手な人でも、本書を読んだり、PRの先輩や仲間にアドバイスを受け、②、③を丁寧に行うことで、企画力がある人と比べても、引けを取らない結果を出せることもあります。

　逆に企画力はあるけど、コツコツ行動するのが苦手という人は結果が出にくいと感じています。そのため、スキル面で不安をお持ちの方でもコツコツ行動していけば大丈夫です。

　そして、実は一番外せないポイントは、「相手のサポートが好き」という、気持ちの部分だと私は感じています。

　「この人や商品・サービスを世に広めたい」という熱い想いを持ち、何が何でも結果を出すことにこだわって、信念を持って地道に行動できる人。こういう方が、スキル以上に結果に繋がると思っています。PRは、コツコツ行動できる人が輝ける仕事です。ぜひチャレンジしてみて下さい。

PRパーソンとして向いている性格

- 相手のサポートが好き
- 結果を出したいという強い気持ちを持っている
- 可能性を信じ抜ける人

POINT

　コツコツ行動できる人がPRを成功させる。スキルは学ぶことで後からついてくる。

あとがき

『SNS×メディアPR100の法則』、いかがでしたでしょうか？

この100の法則は、すべて私が実際に経験した成功・失敗体験に基づいて、理系出身の私がロジカルに法則化したメソッドです。一般的な広報セミナーや広報の本は、知識や考え方を伝えるものが多いため、そうした書籍を読んでこられた方の中には驚いた方もいらっしゃるかもしれません。

私自身、PR塾の開校当初は、PRに対する考え方や心構えを、抽象的にお伝えしていました。しかし、そのやり方では「具体的に何をしたらいいか分からない」と行動に移せる人が少なく、結果を出せる人はほとんどいませんでした。そうした経験から、私自身の経験や、LITAの事業で成功した事例をもとに、誰でも、明日から実践できる具体的なメソッドに落とし込み、受講生にお伝えするようにしたのです。

その結果、取材獲得や売上アップを実現する受講生が大幅に増え、PR塾は5年連続満席開講を達成。コロナ禍の影響が続く2021年においても、350名以上の方が日本全国から受講してくださっています。

PR塾メソッドは、『PRESIDENT』や『日経トップリーダー』『経済界』等、多くのメディアで紹介されてきただけでなく、PR未経験の受講生の83％が効果を実感した再現性の高い手法です（PR塾卒業生（2019年、2020年）192名のアンケートより）。

　PRは、自分の行動1つで、ほとんどお金をかけずに認知度や売上を上げることができ、未来を大きく変えることができます。

　しかし逆に言えば、すべての結果はあなたの行動次第なのです。

　LITAでも企業のPR代行事業を行っていますが、PR担当者が「この案件は難しいな」と思ってしまうと本当に結果が出ないことがありますし、逆に「絶対結果を出してやる！」と思うと不思議と結果がついてくることがあります。

　そうした違いが生まれるのは、PRパーソンの熱意こそが、諦めない行動となり、メディア関係者やお客様の心を動かすからだと私は思っています。

　諦めないマインドと行動力があれば、SNS発信にも、メディアPRにもさまざまな創意工夫が生まれ、結果として相手の心を動かすことができる。自分のマインドが全て結果に表れるのがPRなのです。

　LITAの企業理念として、「全ての人・企業の可能性開花にPR力で貢献する」と掲げているのは、さまざまなPRパーソンと接する中で、それを心から信じられる人でなければ結果が出ないと実感しているからです。

　本書を読み終わったら、ぜひ「絶対結果を出す」というマインドで、まずは1項から勇気を持って取り組んでみてください。コツコツ行動した先には、あなたが想像する以上の未来が待っています。

最後になりますが、本書を出版できたのも、今の私の仕事があるのも、全てはPR塾生のおかげだと心から思っています。PR塾で出会った全ての皆さんに、感謝でいっぱいです。

　そして、「PRで多くの人・企業の可能性を開花する！」という想いに共感・共鳴し、クライアント企業はもちろん、PR塾の運営に全力で取り組んでくれているLITAの仲間たち。一緒に夢を追ってくれる心強い仲間がいるからこそ、私は日々、絶対的な確信を持って、走り続けることができています。

　そして、この本の誕生のきっかけを与えていただいた編集者の加藤実紗子さん、ライティングサポートの上林山恵美さん。この本を無事に上梓することができ、感謝でいっぱいです。

　ここまで読んでくださった皆様へ。

　ここまでお読みいただき、本当にありがとうございました。最後に、感謝の気持ちを込めたプレゼント企画です。（期間限定、2022年7月末まで）

　本書の感想を、「＃PR100の法則」をつけてSNSに投稿してくださった方全員に、笹木郁乃本人が本書を全ページ解説した、「音声解説　聞くだけ100の法則」をプレゼントいたします。右頁のLINE公式に、SNS投稿のスクリーンショットを送っていただけましたら、メールにてプレゼントをお送りいたします。
　少しでも、忙しい皆様のお役に立てれば幸いです。もちろん、

感想もすべて読ませていただきます。

　また、本書55項にもあるように、SNSでは影響力のある人を
タグ付けすることで、あなたの認知を広げていくことができます。
感想を投稿される際は、気軽に私のSNSアカウントをタグ付け
してみてください。私も積極的にシェアさせていただきます。
　facebook　……「笹木郁乃」で検索
　Instagram　……「@ikunosasaki_private」
　Twitter　　……「@IkunoSasaki」

　私は、本書によって救えるビジネスがたくさんあると思ってい
ます。読者の皆様のSNS投稿によって、PRの可能性に気付いて
いない人にも手に取っていただきたいと強く願っています。

　それでは、「音声解説　聞くだけ100の法則」で、またお会い
しましょう！
　読者の皆様の可能性が、PRによって大きく開花していきます
ように‼

　2021年7月

笹木郁乃

笹木郁乃ライン公式　QRコード

実例で学ぶ
PR成功の軌跡

プレスリリースの工夫で
40件のメディア掲載

プロフィール

㈱イートジョイ・フードサービス
専務執行役員　櫻木　潔さん

● PRプロフェショナル協会認定 PRプロデューサー
● 外食部門の統括とCMO（専務執行役員）としてマーケティング（商品企画開発、店舗開発、PR、セールスプロモーション）を担当する。

　コロナ禍で飲食業界は非常に厳しい状況にありますが、PRで売上回復に繋がった方がいらっしゃいます。

　愛知県を中心に5店舗の飲食店を展開するイートジョイ・フードサービス専務執行役員（CMO）の櫻木潔さんは、PR塾で学ぶ前からPR活動をしていたものの、商品への想いが強すぎて、「商品を売り込む」という気持ちだけでプレスリリースを書いており、なかなか結果に繋げることができなかったといいます。

　しかし、PR塾式プレスリリースフォーマットで、PR設計や社会のニーズを入れたリリースを作成したところ、**テレビだけで約40本の取材に**繋がりました。

　1件1件の取材対応では、メディアの方との関係性を深めるだけでなく、社会のニーズを探ることで、新しい切り口で商品企画やプレスリリースを作成。次のメディア掲載に繋げるとともに、SNSにもこまめに掲載情報を投稿するなど、地道なPR活動を実践されました。その結果、2020年12月に時短営業が解除された時には、フリー需要（少人数

のご予約や、単品で頼まれるお客様）は、コロナ禍でありながら、対前年比で100%を超えるまでになったといいます。

　もともとあった企画力とPRを掛け合わせると、認知を広げ、集客にも大きく貢献できる。メディアの力を借りながら「伝える」「広げる」という視点がターニングポイントとなったといいます。

櫻木さんのPR戦略

◆社会のニーズを探り、それをプレスリリースの切り口にした
◆売り込まないプレスリリース作成

Before ◆「商品を売り込む」という気持ちで広告のようなプレスリリースを作成し、なかなか結果に繋がらない

After ◆PR設計や社会のニーズを盛り込んだPR塾式プレスリリースを作成
● テレビだけで約40本の取材（10分以上の密着取材含む）
● コロナ禍でありながら対前年比100%超え

メディア掲載の連鎖

クロスメディアPRで
大手企業グループ会社に成長

> **プロフィール**
>
> NPO法人ママライフバランス 代表理事
> 上条 厚子さん
> ●名古屋市出身。8歳、13歳の2児の母
> ●結婚・出産・専業主婦を経てPR塾に入塾。その後、2020年4月NPO法人ママライフバランス設立。名古屋市の指定管理事業者となり子育て支援拠点を受託し、現在は年商54億の株式会社ボーダレスジャパンのグループ企業へ

　上条さんは、2児の母として専業主婦の傍らスキンケアレッスンを主宰されていましたが、毎日休まずSNSで発信を続けても、集客は0人だったといいます。

　しかし、PR塾での学びを実践していったことで、SNSのみで2年で400名を集客することに成功。その活動の中で、「子育てしながら自分がワクワクできる仕事をしたい」という思いから「100ママ100通りのママライフを応援するコミュニティ　ママバラ」を立ち上げました。

　自らメディアにアプローチすることで、設立からわずか1年余りで16回もメディアに取り上げられ、そこでつかんだ信頼を武

器に、名古屋市の事業を受託。さらに、大手企業のグループ会社にまで急成長し、1,500万円の資金調達にも成功されました。

このように、上条さんはSNS発信とメディア掲載実績を次のメディア掲載、ビジネスに生かすことで、ご自身の夢を達成されてきました。クロスメディアでシャンパンタワーの法則を作り上げたからこそ実現できた事例と言えるでしょう。

上条さんのPR戦略

◆SNS発信はコツコツと実践し続ける

◆メディア掲載を次のビジネスに活かす

➡掲載された記事や写真をファイリングして常に持ち歩き、営業、メディアPRや取材時に見せることで信頼を獲得。メディア掲載によって築いた信頼により、行政の事業獲得や資金調達成功にも繋がり、スピーディーにビジネスを展開できている。

```
Before ◆起業に憧れる専業主婦
         スキンケアレッスンを主催したいと思いブログと
         Facebookを365日投稿するも集客ゼロ
       ◆セミナー講師よりも影響力を出せるやり方で、日本の
         子育て現場の文化を変えたいと決意。

After  ◆PR視点でのSNS発信で新規受講生10名/月
       ●2年で400名のお申込み
       ●最高月商120万円を達成
       ◆プレスリリースでママ団体立ち上げをPR→法人設立
       ●名古屋市から事業受託約490万円/年
       ●メディア取材16回獲得                信頼を
       ●ボーダレスジャパンより1,500万円資金調達   大幅にアップ
```

丁寧なメディアアプローチで
関係性を築く

プロフィール

広報PRプロデューサー／取材ライター
山田 佳奈恵さん
- 千葉県千葉市在住　3歳男の子の母
- 2012年よりフリーライターとして活動。
  2020年3月コロナ禍の影響で収入が激減。その後、PR塾に入塾し、PRプロデューサーとして自立。2021年4月現在、法人6社とPR契約をし、1年前と比べ収入は10倍にアップ。

　山田さんは、入塾後2か月で2社と法人契約を結び、並行して無料モニターの募集を開始。Facebookで自身のPR活動や顧客のメディア掲載情報を投稿し、PRパーソンとしての信頼を築いていきました。山田さんのPRの特徴は、工夫をこらした丁寧な仕事ぶりです。メディアの反応率を高めるため、リリースを送る際は、担当記者の過去の記事を読み、丁寧に感想をお伝えする。また、その方のSNSなども調べ、趣味や好きなものから共通点を探しお手紙を書いたり、電話で話題にすることで、相手との距離をグッと近づける工夫をされています。また、書籍のPRでは、読んでいただきたい箇所に付箋とお手紙を付け献本するなど、多

確認していただきたいページに付箋を貼って丁寧に献本

くのメディア掲載を獲得されています。

　その結果、PR未経験から約7か月で6社と契約し、アシスタント3名を雇用。収入は以前の10倍になりました。今後は、地元の会社をPRでサポートしたいと事業拡大を目指されています。

山田さんのPR戦略

◆メディアアプローチは1社1社丁寧に
　➡反応率を高めるため、担当者の過去記事やコラムを読み、丁寧に感想を伝える。メディア関係者の心を動かし取材を獲得。
◆メディア担当者の方とのコミュニケーションで次に繋げる
　➡担当者のSNSを徹底分析し、趣味や好きなものから共通点を探し手紙や電話で伝えることでコミュニケーションを図る。

Before	◆編集プロダクションや女性起業家の下請け
	● コロナで大型案件がなくなり、お金も仕事もなく、あるのは暇な時間だけ

After	◆無料モニターから開始して実績と経験を積み、SNSで自らの活動実績を投稿
	● PR塾入塾後、約半年間で法人6社とPR契約
	● 月売上は入塾前の10倍に！
	● 現在はPRアシスタント3名とお客様の夢の実現に向けて邁進中

SNS発信で実績を発信

メディア掲載の生かし方

プロフィール

株式会社SKBピュア 代表取締役
鈴木 浩三さん

● 福島県いわき市出身、20歳で起業、27歳で飲
食店を開業。34歳で東日本大震災避難中に3
度目の創業を決意し現在10年目。2019年に自
社運営カフェ、ソフトクリーム専門店をオー
プン。2021年1月PR塾を受講開始。コロナ禍
で苦しい状況ながらも、2020年3月に比べ、
売上は4倍に。

　福島県でECコンサルティング業の傍ら、ソフトクリーム専門
店「アムカフェ」を経営する鈴木さんは、東日本大震災や台風で
の浸水被害、コロナ禍という試練がありながら、従業員の雇用を
守るために新商品のチーズケーキを開発。独学でPRをしていた
ものの、何の効果も感じられなかったといいます。

　しかし、PR塾式フォーマットでプレスリリースを作成したと
ころ、『日経トレンディ』や全国放送のテレビ番組など、2か月
で11社の取材を獲得。売上は前年同月の4倍まで急成長しまし
た。

掲載誌を店頭に設置したり、HPに掲載実績を載せ信頼感をアップさせる。

　この実績をSNSで投稿するだけでなく、SNSを使ったイベントを開催。それをPRすることで、さらなるメディア掲載を獲得するとともに口コミも広がっていきました。今では地元の人気店の入手困難なチーズケーキというブランドを確立しました。

鈴木さんのPR戦略

◆ストーリーが伝わる写真をプレスリリースに載せる

　➡宣伝感がなく、見ただけでストーリーが伝わる写真を厳選。
　（次ページのプレスリリースを参照）

◆メディア掲載実績を徹底的にアピール

　➡自社サイトやSNSにメディア掲載実績を掲載するとともに、店舗にもブースを設置。掲載誌等を置くことで、さらなる売上アップに繋がった。

Before	◆広報を独学で勉強するも効果が感じられない
	● リリースを書く意味を知らなかった
	● 伝えたいことを書くだけで、宣伝になっていた

After	◆プレスリリースで自社商品をメディアPR
	● 2か月で11社から取材依頼を獲得
	● 売上は前年同月4倍に

売上アップに貢献

コロナ禍でテイクアウト需要増 外出自粛でコロナ疲れでも食の活性化
「当日産みたて」いわき地養卵で作ったチーズケーキを自宅に届けたい

初めまして。私は福島県いわき市でカフェを運営している、株式会社SKBピュア代表の鈴木浩三と申します。この度、2021年1月25日より、当社が運営するアムカフェにて、**商品名「いわきアムバスク」のネット通販及び宅配デリバリーを開始させていただきます**。福島県内では新型コロナウイルスの急速な感染拡大により、15日から酒類を提供する飲食店などへの営業時間短縮の要請期間が始まり、これにより20時以降は不要不急の外出自粛要請が始まりました。　（福島県 公式発表1月13日から2月7日までを「緊急対策期間」と位置付け県民には不要不急の外出自粛要請）

飲食店の時短営業や休業が相次ぎ、飲食店に商品を納入する業者まで売上減少となっている現状があります。当店ではテイクアウト需要上がっている理由から、現在営業時間を4時間、残りの時間をテイクアウトに専念する事で、地域活性化する為にいわき特産卵を使った、口の中でとろける全く新しいチーズケーキを作る事に成功しました。いわき市内から県内そして全国から大変多くの予約注文をいただいております。店舗では「3密」対策として、ご予約はネット受付テイクアウト、自宅では24時間ネット注文が可能で全国配送も可能。店舗近隣では、地元地域貢献としてドイツでプロサッカーを目指す、スタッフ佐藤歩夢がご自宅まで宅配デリバリーを開始。当店はコロナ疲れから甘い物で地域の皆様を笑顔にしたいと思っております。大変お忙しいとは存じますが、この件につきましてご取材いただき、報道のお力でより多くの皆さへ届けるきっかけとしていただけましたら幸いです。

- ◆ 名前：いわきアムバスク
- ◆ 場所：ソフトクリーム専門店　アムカフェ
- ◆ 値段：5号サイズ 3500円 4人〜7人前
- ◆ 予約：予約専用サイトにて注文が可能です。

【お問合わせ先】 ※ 当日ご取材に起こしいただけます場合は事前に下記【お問い合わせ先】までご連絡くださいませ。

株式会社SKBピュア　　広報担当　　佐藤
〒970-8025 福島県いわき市平南白土1-16-1 プラザマルエビルF号
Mail：　　　　　　　　　　　TEL：

媒体ごとにプレスリリースの切り口を変える

プロフィール

会社員
庄子 恵理さん

● 宮城県名取市出身。住宅メーカーの宣伝・広報職として、広報部を1から立ち上げ、現在5年目。2020年4月PR塾を受講。8社から取材依頼を獲得。売上は前月比2.4倍と大きく会社に貢献。副業で、3社とのPR契約も締結し、本業と両立。

　5年にわたり企業広報を担当してきたものの、メディア掲載の成果に繋がらなかったという庄子さん。結果を出したいという思いでPRを学ばれ、受講中に作成したプレスリリースで8社から取材依頼を獲得。コロナ禍にもかかわらず、売上は前月比2.4倍。来客数も前月比3倍と大きく会社に貢献されました。

　さらに、PRプロデューサーとして副業を始め、3社をサポート。1年間で20回以上のメディア露出を獲得されています。

　庄子さんが実践しているのは、PR塾式プレスリリースフォーマットにそったリリース作成と、丁寧なメディア選定です。

　たとえばテレビでは、視聴者がパッと見てイメージしやすい

テーマであることが大切ですが、新
聞ではじっくり読んで理解する深
い内容でも掲載されやすいという
特徴があります。それを踏まえ、そ
れぞれに切り口の違うプレスリ
リースを送られたそうです。

　また、副業を開始される際には、
知人や仕事の関係者に「PRの仕事をする」ことを積極的にアピー
ルし、ご自身のSNSやブログにも実績を投稿することで、企業
契約3社を獲得されました。

庄子さんのPR戦略

◆PR塾式フォーマットに沿ったプレスリリース(実際のリリースは次頁)

　➡学んだとおりに書き、切り口によって送付先を厳選。メール
　　や電話で直接アプローチすることで掲載確率アップに繋げる。

◆個人としてお仕事獲得（副業）のためにSNS発信する

　➡FacebookとアメブロでPRパーソンとしての認知を広げる。

Before	◆一人広報部のため、宣伝（広告）に時間を取られてしまっていた
	● PR活動ができていなかった
	◆我流でプレスリリースを作成
	● 宣伝のような内容になってしまっていた

After	◆自社事業PR
	● 8社から取材依頼を獲得
	● 売上は前月比2.4倍
	◆副業でPR代行の仕事を開始
	● 実績3社

売上アップに
貢献

Press Release

2020年12月吉日

廃棄される米ぬかに新たな価値を持たせた地産地消への取り組み

～米ぬかを農産物肥料とし、育てた野菜を喫茶店にて提供という地域循環型の6次産業化～

初めまして。私は石巻にて米ぬか酵素風呂Kouso Spa Masha(コウソ スパ マシャ)&発酵喫茶店Masha(マシャ)を運営している尾形明美と申します。今回は私が日々取り組んでいるサービスの地産地消＋第6次産業化についてお知らせします。

6次産業化とは「農林水産業（1次産業）が、加工（2次産業）や流通・販売（3次産業）と連携・融合する取組」で1次産業×2次産業×3次産業＝「第6次産業」で示されており、農林漁業者が、農産物などの「生産物が元々持っている価値をさらに高める」ことにより、所得（収入）を向上していくことを目的としています。
私は酵素風呂で使用した米ぬかを、米ぬか堆肥として地元農家の方に使っていただき、これを使用してできた農産物を発酵喫茶店で仕入れ、メニューの提供を行うというサイクルをつくりました。

震災も経験したことで、より地元への意識も強くなり、地産地消に貢献できないかと私ができることを考えました。米ぬかには微生物（乳酸菌や酵母、こうじ菌など）が存在しています。肥料として米ぬかを混ぜることにより微生物が分解した養分が土にたくさん貯まり、作物はその栄養分を吸収し育ちます。そのため、農作物の肥料としてとても適しているのです。米ぬかを地元農家さんに使用していただき、そこでできた作物で料理を作って提供するという循環を作れば、内からも外からも健康やキレイの実現、また、地元石巻にも貢献できると考えました。

今後もこのような取り組みを通して、地産地消および地域循環型の6次産業をもっと世に広めていけたらと思っております。大変お忙しいは存じますが、こちらの件につきまして、ご取材いただき、報道のお力でより多くの皆様へ届けるきっかけとしていただけましたら幸いです。

米ぬか酵素風呂Kouso Spa Masha（コウソ　スパ　マシャ）＋発酵喫茶店Masha（マシャ）

◆ 営業時間　・酵素風呂　10：00～18：30(女性)／13：00～18：30(男性)　※完全予約制／ 発酵喫茶店　10：00～18：30

◆定休日　木曜日＋不定休

◆ 内容／　酵素風呂で使用した米ぬかを、米ぬか堆肥として地元農家の方に使っていただき、これを使用してできた農産物を発酵喫茶店で仕入れ、メニューの提供を行っています

※ ご取材に起こしいただけます場合は、事前に下記【お問い合わせ先】までご連絡くださいませ。

【お問合わせ先】
米ぬか100％酵素風呂　Kouso Spa Masha（コウソ スパ マシャ）
〒986-0853　宮城県石巻市門脇字青葉東26-7
広報担当　庄子
Mail：　　　　　　　　　　　　　TEL：　　　　

石巻市6次産業化・地産地消推進センターHPにて取材内容が記載されております。

【著者紹介】

笹木郁乃（ささき・いくの）

山形大学工学部卒業後、アイシン精機（現・アイシン）で研究開発に従事。その後寝具メーカーのエアウィーヴに転職し、PRに注力。鍋メーカー愛知ドビーでも看板商品を12か月待ちの人気商品へと押し上げ、PRの力で急成長に貢献。その後、独立。企業向けの広報PR支援事業を立ち上げ、現在も大手企業含め多数のご依頼をいただく。また、経営者や個人事業主、広報担当者などにPRスキルを伝える「PR塾」も主催する。これまで5年間常に満員御礼開催。2019年に日経BP社より『0円PR』発売。プライベートでは一児の母。

お金をかけずに誰でもできる！
SNS×メディアPR100の法則

2021 年 7 月 30 日　初版第 1 刷発行
2022 年 7 月 25 日　　　第 5 刷発行

著　者——笹木郁乃　©2021 Ikuno Sasaki
発行者——張　士洛
発行所——日本能率協会マネジメントセンター
〒 103-6009 東京都中央区日本橋 2-7-1　東京日本橋タワー

TEL 03（6362）4339（編集）／ 03（6362）4558（販売）
FAX 03（3272）8128（編集）／ 03（3272）8127（販売）
https://www.jmam.co.jp/

装　丁———冨澤　崇（EBranch）
本文 DTP——株式会社森の印刷屋
印刷所———広研印刷株式会社
製本所———株式会社三森製本所

ISBN 978-4-8207-2934-1　C2034
落丁・乱丁はおとりかえします。
PRINTED IN JAPAN

SNSマーケティング100の法則
すぐに始めたい人の導入法・活用法

カーツメディアワークス 著

実践的なSNSマーケティングのコンサルを行っている専門家集団が、初めて取り組む人を対象に、SNSマーケティングの実践手法を図解で紹介。何から始めるのか、各SNSの特徴やどう活用すればいいかがわかる実践的な入門書。

四六判 256頁

心理マーケティング100の法則
お客様の無意識に語りかける心のコミュニケーション技法

酒井とし夫 著

「得よりも損のほうが購買行動は強化される」「おまけを付けると、本体が魅力的に見える」「総額では高く感じても、単価で示すと安く感じる」など、営業・マーケティングですぐに使える販促ワザ100を紹介！

四六判 232頁

結果を出す人のPDCA100の法則
最強の目標達成仕事術

鹿野和彦 著

対面でのチームワークが制限される中でスキルを向上させるには、自分で業務を管理することが求められる。計画的に目標達成するためにやるべきこと、習慣にすることを図解した、すぐに読めてすぐに役立つ実用書。

四六判 224頁

仕事のミスゼロ100の法則
失敗を未然に防ぐ

藤井美保代 著

些細なミスが取り返しのつかない大損失を招く――。ミスを事前に防ぐために必要な100の法則を「〜すれば、…なる」という形で分かりやすく解説。事務職だけでなく、営業や企画、フリーランスなど、すべてのビジネスパーソンに役立つ1冊。

四六判 232頁

日本能率協会マネジメントセンター